AVATARS
DE LA VÉRITÉ

COMMUNICATIONS VIRTUELLES

MARCEL KADOSCH

© KADOSCH, Arcueil, 2015

ISBN 978-2-9541573- 6- 8

Couverture :

Vincent van Gogh (1853 - 1890)
Souliers
Paris, Septembre - Novembre 1886
Huile sur toile 38.1 cm x 45.3 cm
<u>Van Gogh Museum, Amsterdam (Fondation Vincent van Gogh)</u>

Table des matières

Avant –propos

On oppose la Vérité scientifique, adéquation entre le monde sensible, l'expérience, l'opinion, et la raison, la théorie, à la Vérité philosophique, dévoilement d'un monde qui aime à se cacher. Ceux qui les expriment utilisent les images de l'air, de l'eau, du feu, de la matière terrestre, du dur cristal au mou visqueux et collant, se servent de phonèmes et de mots, de sons et de silence ; évoquent des pierres, des odeurs, des formes et des couleurs ; introduisent des chiffres et des figures qui sont des objets, des abstractions qui sont des relations.

Dans un ouvrage précédent : « *Illusions créatrices* », l'auteur a exposé divers aspects, souvent triviaux, du rapport entre vérité et pureté, d'une vérité romanesque révélant l'existence d'un modèle qu'on imite, d'une vérité dans le modèle de la boîte noire qui vérifie que ses sorties sont compatibles avec ses entrées.

L'auteur poursuivant ici des recherches de vérités, déploie un inventaire d'aspects variés sous lesquels apparaît ce qu'on croit être une vérité, la *vérité,* y compris dans des situations banales, en adoptant successivement la forme du dialogue, de la réflexion, et de l'exploration du temps, et en donnant la parole aux autorités reconnues aussi souvent que nécessaire.
Une liste de vérités « en marche » est récapitulée à la fin du livre.

L'auteur fera souvent référence à son livre précédent :

Illusions créatrices, en insérant dans le texte un renvoi à :
(IC, ch. Xx)

I. MÉTALOGUES

1. Colloque sur l'éclipse

— «La physique... nous enseigne les causes de tous les météores, l'arc en ciel, les feux volants, les comètes, les éclairs, le tonnerre, la foudre, la pluie, la neige, la grêle, les vents et les tourbillons. »

— «Il y a trop de tintamarre là-dedans, trop de brouillamini», se plaint Monsieur Jourdain. Mais il veut que le Maître de Philosophie lui enseigne l'almanach, pour savoir quand il y a de la lune et quand il n'y en a point : il pense pouvoir se passer du secours de la Philosophie pour savoir quand il y a du soleil et quand il n'y en a point, il a comme une vague idée que la lune est la seule autre cause de tous les météores assez grosse pour qu'on puisse croire à son action, il ne semble pas préoccupé par l'existence d'autres planètes, et il ne porte aucune attention aux étoiles.

Nous sommes un peu plus instruits des phénomènes naturels que le Bourgeois Gentilhomme, mais comment se compare notre connaissance des astres, présumés avoir un cours constant, à celle que nous pensons avoir des phénomènes atmosphériques ? Cette connaissance nous permet-elle d'exercer une action sur les phénomènes considérés ? N. Wiener, pionnier de la cybernétique, avance une réponse : dans notre action de tous les jours sur notre environnement, nous sommes trop petits pour influencer le cours des étoiles, et trop grands pour agir sur les molécules et atomes composant les nuages ou la vapeur au dessus du fourneau, et encore moins sur les électrons, protons, neutrons et quarks : nous ne nous en soucions pas et nous nous arrêtons au niveau des molécules grammes à comportement statistique qui composent les météores du Maître de Philosophie. Dans les deux cas notre corps a la faculté de se coupler très peu avec le phénomène observé : le couplage mesure l'interaction ; plus il est faible, plus l'un est la cause de l'autre sans réciprocité .

Pour observer notre environnement en ignorant le couplage, il nous suffit de savoir que «la physique enseigne les *causes* de tous les météores», et de nous tenir au principe de causalité qui permet d'évaluer des effets de ce couplage : il nous enseigne que le onze Août mil neuf cent quatre-vingt dix neuf de midi à quatorze heures il n'y aura point de soleil à Paris.

Ce jour-là à cette heure-là, l'électricité cessa de fonctionner dans une partie de la ville. Les gens rentrèrent chez eux à tâtons, et peinèrent pour trouver l'entrée de secours, le portail électrique refusant momentanément de s'ouvrir. Un quidam coïncé par la panne à l'intérieur d'un immeuble qu'il ne connaissait pas glissa la main sur le mur à la recherche d'un interrupteur et appuya sur un bouton : une sonnerie retentit en même temps qu'une veilleuse au néon s'allumait. Le portail s'ouvrit. Quelqu'un qui se trouvait derrière s'avança vers la sortie et lui dit en passant : — Excusez-moi, je croyais que la porte était fermée. Le quidam répondit : — Elle l'était. C'est moi qui l'ai ouverte en appuyant sur ce bouton. — Mais ce n'est pas celui qui commande l'ouverture ! Vous avez allumé la veilleuse. — Vous croyez ? La porte s'est ouverte juste après mon geste. — Ce qui précède l'effet n'en est pas forcément la cause. Nous avons dû appuyer en même temps.

Ils sortirent ensemble. La lune qui bouchait le soleil était heureusement entourée d'un halo de lumière. Le quidam demanda : —Avez-vous jamais vu le soleil ? L'autre hésita puis répondit:—Non, c'est dangereux. Mais j'en ai beaucoup entendu parler.

Le quidam sifflota un air connu : — La lune a rendez-vous avec le soleil, mais le soleil ne sait pas que la lune l'attend. L'autre répondit en écho : — Le soleil est là, mais la lune ne le voit pas : pour le trouver il faut le jour, mais la lune ne le sait pas et toujours nuit.

LE PREMIER. Bonne soirée, Monsieur, je crois vous reconnaître malgré l'obscurité. Que faites-vous dans la lumière ?

LE SECOND. Bonne journée, Monsieur, car cette fausse nuit ne saurait durer. Je m'occupe d'informatique, si cela vous intéresse.

LE PREMIER. Seriez-vous assez aimable pour me rappeler votre nom ?

LE SECOND. On m'appelle Jacques.

LE PREMIER. C'est votre prénom ?

JACQUES. Non, mais on dit que mon comportement rappelle celui d'un personnage de fiction qu'on appelait ainsi.

LE PREMIER. On m'appelle Pierre-Simon. Heureux de vous rencontrer. J'aimerais renouveler ma politesse tous les jours plutôt que toutes les nuits semblables à ce moment provisoire, mais croyez-vous, Monsieur Jacques, que le soleil se lèvera demain matin ?

JACQUES. C'est une question qu'un seul être humain sur cette terre peut se poser. Mais je la reconnais. Vous seriez donc le fameux baron Pierre-Simon de Laplace, auteur d'un Traité de Mécanique Céleste ?

PIERRE SIMON. Il a écrit aussi un Traité analytique des Probabilités, et même un Essai Philosophique sur les Probabilités. Ce n'était pas un personnage de fiction. Non, je ne suis pas le baron, mais faites comme si je jouais son rôle pendant le temps que durera cette éclipse...

JACQUES. Très honoré que vous m'acceptiez comme interlocuteur dans l'obscurité. Quoi qu'il en soit, vous ne croyez pas, vous *savez* que le soleil ne se lève pas du tout. Vous n'ajoutez tout de même pas foi à ces histoires de char propulsant un Dieu Apollon là-haut ?

PIERRE SIMON. Ouais. Ce que je sais, ce sur quoi je puis invoquer le témoignage de mes sens, c'est qu'il y a des levers de soleil : j'en ai vu. Il y aurait donc un soleil : c'est une déduction, cartésienne. Qu'il se lève et se couche, ce n'est qu'un anthropomorphisme, et il n'y a pas d'incompatibilité : le soleil se lèvera demain si la terre est ronde et qu'elle tourne sur elle-même. Il me serait difficile de concevoir qu'elle ne fût plus ronde demain, mais elle pourrait regarder désormais le soleil comme la lune nous regarde, toujours du même côté. Donc une partie de moi sait que le soleil ne se lève point, et une autre partie croit qu'il se lèvera demain, peut-être. L'ennui, c'est que c'est cette deuxième partie de moi qui détermine mes actions au quotidien ! C'est angoissant. Je suis certain que cette panne ne tardera pas à faire l'objet d'une réparation, mais je ne pourrai pas dormir si je doute d'être réveillé demain par une clarté du jour due à un lever du soleil.

JACQUES. Aucun doute là-dessus : c'est écrit là-haut sur le grand rouleau. À ma connaissance, et conformément aux principes de conservation, rien de nouveau sous le soleil. Au dessus non plus. Le nouveau n'est qu'apparence, dévoilement d'un existant caché. Le soleil se lèvera demain exactement autant de fois qu'il se couchera le soir. Le coq chantera l'éternel matin. On n'entend plus le coq dans les villes, mais des êtres vivants s'y réveilleront quand même, à moins que leur lever du soleil ne soit obturé par d'épais rideaux. Alors que craignez-vous ? C'est écrit sur le grand rouleau.

PIERRE SIMON. Et si ce dont je vous parle est cela même que vous avez placé dans la base de connaissances que vous demandez à vos collaborateurs d'utiliser pour communiquer entre vous en tenant un langage unique et cohérent ?

JACQUES. Évidemment non : le développeur de programmes, l'administrateur des données écrivent sur leur propre disque. Leur fonction ne consiste pas à lire ce que la Nature a écrit dans le sien. Mais elle pourrait consister à déterminer une définition acceptable par tous de ce qu'est un lever de soleil : en particulier à les informer que ce que nous voyons en ce moment, si j'ose m'exprimer ainsi, n'en est pas un.

PIERRE SIMON. La belle jambe que cela nous ferait ! Cela ne me parait pas trop difficile ni empreint d'ambiguïté : c'est à des heures régulièrement espacées l'émergence de cet astre suivant une trajectoire perpendiculaire à l'horizon, d'où qu'on l'observe. Si le soleil ordinaire émergeait suivant une direction oblique, nous en serions aussi surpris que s'il n'émergeait pas du tout. Le lever de soleil est donc un concept local, terrestre et vertical si je puis dire.

JACQUES. Si je tournais assez vite autour de la terre, je commanderais le lever du soleil, comme on peut le voir en prenant un avion supersonique, ou comme le Petit Prince l'avait expérimenté sur sa planète en avançant sa chaise avant que les astronautes ne l'imitent.

PIERRE SIMON. Eh ! Laissez donc ces artefacts contestables. Revenez à la Nature que nous ne commandons pas. Ceux dont c'est la fonction de lire dans ce que vous appelez le Grand Livre de la Nature y ont lu que le Soleil a été créé par Dieu il y a environ six mille ans. Des hommes ont témoigné que le Soleil s'est levé à l'est deux millions de fois : sur cette base de faits j'étais fondé à parier à deux millions contre un. Pour être juste, je ne suis parvenu à ce résultat qu'en recensant toutes les causes susceptibles de faire lever le soleil ou de l'en empêcher : imaginons pour fixer les idées que le système solaire ait été choisi au hasard dans une grande collection de systèmes possibles et d'occurrence également probable, le soleil se levant ou non suivant une loi quelconque dans chacun de ces systèmes, dont l'un contiendrait par exemple la planète du Petit Prince. Quoi qu'il en soit, c'était une erreur.

JACQUES. En effet : aujourd'hui, on croit savoir que l'âge de la Terre se compte en milliards d'années de trois cent soixante cinq jours. Si vous aimez ce genre de paris, vous devez parier à cinq mille milliards contre un.

PIERRE SIMON. Pas du tout ! Ce sont les prémisses du raisonnement qui sont fausses. Basées sur la mémoire des autres, pis : sur la confiance, qui plus est en des témoins qui ne sont plus, et que nous n'avons jamais connus ! Après avoir cru sur parole nos parents dans notre prime enfance, c'est sur notre seule expérience que nous devrions nous fonder : adolescents, ce n'est qu'à cinq mille contre un que, tremblant tous les matins, nous commencerions à parier que le Soleil se lèverait le lendemain, à l'heure écrite sur l'almanach, puis notre foi s'affermissant avec l'âge nous monterions jusqu'à trente six mille contre un à condition de devenir centenaires, guère davantage.

JACQUES. Seriez-vous révisionniste ? Il y a d'autres preuves que la loi de répétition. Que viennent faire ici les probabilités ? D'autant que vous êtes connu comme le champion du déterminisme universel, certains disent : son inventeur.

PIERRE SIMON. Vous oubliez mon Traité analytique des Probabilités. Au demeurant, le hasard et la nécessité ne sont guère dissociables depuis qu'ils sont devenus objets de science il y a peu, presque en même temps : le premier avec le triangle de Pascal, la seconde avec les fluxions de Newton.

JACQUES. Si je vous comprends, vous renoncez à envisager l'état présent de l'univers comme l'effet de son état antérieur, et comme la cause de celui qui va suivre[1], quand bien même vous ne connaîtriez jamais ces états. Vous n'avez pas besoin de cette hypothèse -là.

PIERRE SIMON. Si, puisque j'en tire des conséquences : ne connaissant pas l'état passé ni présent, je me le fixe comme je peux, j'en déduis l'état futur correspondant. Que puis-je faire d'autre dans cette obscurité ? Je renonce à prédire, à transformer le monde. Je ne veux que l'interpréter. Je me contente de compter ce que j'observe moi-même : rien du tout en ce moment.

JACQUES Avez-vous donc renoncé à proclamer que les processus astronomiques, et les systèmes mécaniques en général, sont programmables ? L'état du soleil le matin, l'état de la lune la nuit restent conformes aux prédictions, oserais-je dire aux spécifications de Newton. Nous en avons une preuve éclatante, je veux dire sombre, à présent. Et les lois de la mécanique sont ainsi faites, qu'elles prédisent ce qui se passera demain matin à l'horizon.

PIERRE SIMON. Je suis allé en Égypte, savez-vous ? Dès mon retour, on m'a affirmé qu'au delà de mon horizon temporel je ne saurais rien prédire : après cent millions d'années, tout se mélange. Hélas mon horizon est bien plus court : dans peu de temps le soleil cessera tout à fait de m'éclairer. Alors jouissons du jour qui passe, et limitons la portée de nos prédictions : ici la température est ambiante, la pression est atmosphérique. De petits nuages disparaissent et réapparaissent dans le ciel qui n'est pas bleu : la pression de vapeur humide fait marcher la machine. Les hirondelles volent bas dans l'air orageux pour attraper les mouches que l'air gonflé par la chaleur soutient moins haut. Voyez-vous

---

[1] LAPLACE P. S. : *Essai philosophique sur les probabilités*

ces nuées ? Le ciel est gris à Dunkerque et indigo à Tamanrasset. Quel temps croyez-vous qu'il fait à Paris ?

JACQUES. Le contraire du fond de l'air. C'est une idée reçue, au sens de Flaubert.

PIERRE SIMON. Et selon vous quel est ce fond de l'air ?

JACQUES. L'inverse de la température, ou de la pression, qui est le temps qu'il fait, décrit par les savants.

PIERRE SIMON. Ce n'est pas ce que dit le météorologiste de la Télévision.

JACQUES. Il dit ce qui est écrit là-haut dans la grande photo du satellite.

Pierre-Simon. Cette photo n'est le ciel d'aucun habitant de France. Ce n'est pas mon ciel ; ce n'est pas le vôtre. L'état du ciel oscille comme l'état d'âme : *vorrei e non vorrei...* Mais le modèle sous-jacent, la seule réalité : comment ça marche ? quel est le truc ? Peut-on seulement parler de la température d'un système en déséquilibre manifeste ?

JACQUES. La carte de la Télévision est un traceur de relations d'utilité publique qui me convient assez. Pour le reste, en équilibre ou pas, ce n'est pas une fonction de la position et de la vitesse de cent mille milliards de milliards de molécules qui me permettra de discerner si je souffle le chaud dans mes mains ou le froid dans ma soupe.

PIERRE SIMON. Souffler le chaud ou le froid dans le fond de l'air : encore une de vos oppositions binaires ! Elles renvoient aux dichotomies naturelles, descriptibles seulement en langue naturelle, sans espoir par conséquent d'y minimiser le couplage entre l'observateur et le phénomène : action à distance contre action de contact, corde réelle et corde virtuelle qui balisent vos mouvements à l'intérieur de vos frontières, qui prétendent en chasser le hasard.

JACQUES. Nul besoin de chasser le hasard. Personne ne l'a jamais vu. L'ironie du sort est une vue de l'esprit.

PIERRE SIMON. Si l'esprit voit le hasard, c'est qu'il considère son existence comme possible, ne serait-ce que comme idée. Il est arrivé un moment où il a jugé qu'il y a eu du hasard, ou qu'il y en aura. Monsieur Jacques, vous n'aimez pas le hasard, semble-t-il. Il ne vous a peut-être pas été favorable.

JACQUES. Aimer ? Ce n'est pas une question d'amour. Quand mon éminent confrère Marivaux parle de jeux de l'amour et du hasard, il pense à des jeux à règles, qui relieraient l'un à l'autre. Comme vos cordes.

PIERRE SIMON. Plaisants jeux à règles, d'un amour «enfant de Bohème qui n'a jamais jamais connu de loi».

JACQUES. Le jeu de l'amour et du hasard décrit une trajectoire chaotique, l'amour obéit à des lois simples, mais engendre des rencontres compliquées qui sont le reflet de la complication du monde. Prenez un couple d'humains, réduisez les à un petit nombre d'affects, conférez leur un minimum de propriétés de telle sorte qu'ils soient attirés l'un vers l'autre : par un champ, ou par un couplage exprimant leur interdépendance. Ou faites leur boire un philtre : pendant quelques mois l'un devient un attracteur de l'autre, mais pas de tous les autres qui jettent un regard non aimanté et disent : je ne vois pas ce qu'il ou elle lui trouve.

PIERRE SIMON. Les lois du chaos, dites-vous? Déterminé mais imprévisible. L'inconstance du cœur humain n'est peut-être qu'un reflet de l'inconstance de notre environnement. Pourquoi les amants qui se prêtent des serments éternels seraient-ils plus ou moins conséquents que les savants qui méprisant le hasard admettent des vérités immuables de science, ou que les prophètes qui croient en des vérités de foi, auxquelles ils finissent par renoncer un jour ou l'autre ? Ou s'ils s'obstinent dans leurs croyances, celles-ci sont abandonnées par leurs successeurs. Ne l'avez-vous pas remarqué vous même ? «Les premières lois éternelles qu'énoncèrent des hommes de science furent gravées sur un rocher qui tombait en poussière ; ils attestèrent de leur invariance un ciel qui n'est pas un instant le même ; tout passait en eux et autour d'eux, et ils croyaient leur raison affranchie de vicissitudes. Ô enfants, qui jouez sur la plage, au bord de l'océan de vérité, où des vagues de paradigmes déferlent [2]» !

JACQUES. Ai-je dit cela ? Je ne m'en souviens pas.

PIERRE SIMON. Si ce n'est vous, c'est donc votre maître.

JACQUES. Je n'en ai plus. N'est ce pas plutôt vous-même ? Vous venez de rappeler qu'une loi éternelle entre toutes, à laquelle les hommes ordinaires étaient habitués, ne durerait que cent millions d'années.

PIERRE SIMON. Peut-être moins. En Égypte aussi, je puis en témoigner, le Soleil fût-il Dieu se lève le matin et se couche le soir comme vous et moi. Le Nil croît et décroît, et le vent souffle en tempête dans le désert. Et pourtant, la première loi de conservation, la première Idée immuable qu'un des sept sages hellènes énonça, peut-être pas encore avec toute la conviction nécessaire, ce fut après une méditation auprès des Pyramides Semblables, mais que le vent ronge inexorablement. Revenu en Grèce il n'osa attester de la constance de leurs rapports un Ciel qui pas un instant ne restait le même : tout changeait en lui et autour de lui et il ne crut pas sa loi affranchie de vicissitudes. A juste

---

[2] D'après DIDEROT D, NEWTON I. *et al*

titre : voilà que la Géométrie devient un chapitre de la Physique, qu'il y en a plusieurs, et que celle en laquelle il croyait n'est plus la bonne.

JACQUES. Le temps que met un rocher à tomber en poussière est fort long si on le compare à la durée d'une vie humaine, a fortiori d'un amour humain. Voyez les vols d'oiseaux migrateurs qui chaque année font une halte à Gibraltar : chaque oiseau donne un coup de bec et repart. Les générations successives de l'oiseau finiront peut-être par abattre le rocher avant que l'espèce ait disparu, comme le suggère une chanson allemande. Ou l'espèce aura disparu avant. Qui sait ?

PIERRE SIMON. On sait à peu près pourquoi une espèce disparaît. Inversement ce qui vit s'efforce d'être, persiste, jusqu'à un quart d'heure avant sa mort : c'est une vérité de la Palisse, et de Spinoza.

JACQUES. Donc le rocher de Gibraltar vit !

PIERRE SIMON. Cet étant-là persiste en résistant au changement : les vicissitudes de l'environnement ne parviennent à l'entamer qu'à très long terme.

JACQUES. Selon le cybernéticien Ashby, le rocher de Gibraltar persiste ! Il le donne comme modèle du cerveau, avec lequel le rocher partage cette permanence, au plus bas niveau de complexité de l'être[3]. Il a dû penser au cerveau de Molly Bloom, au *rap* interminable de cinquante pages qu'elle débite à la fin du roman *Ulysse* de Joyce : «... dans les jardins de l'Alameda et toutes les ruelles bizarres et les maisons roses et bleues et jaunes et les roseraies et les jasmins et les géraniums et les cactus de Gibraltar quand j'étais jeune fille et une Fleur de la montagne oui quand j'ai mis la rose dans mes cheveux comme les filles Andalouses ou en mettrai-je une rouge oui et comme il m'a embrassée sous le mur mauresque je me suis dit après tout aussi bien lui qu'un autre et alors je lui ai demandé avec les yeux de demander encore oui et alors il m'a demandé si je voulais dire oui ma fleur de la montagne[4] ...»

PIERRE SIMON. Ce n'est pas avec ce genre de musique qu'une espèce vivante persiste : elle se change elle-même pour s'adapter au changement de ce qui l'entoure. Une loi de la nature évolue comme une espèce : elle persiste et vit tant qu'elle s'adapte à l'épreuve de l'expérience.

JACQUES. Abandonnons les amants à leurs serments. Mon rapport au hasard n'a rien à voir avec l'amour. Il n'y a pas de hasard dans la réalité, il n'y a que l'ignorance de ce qui va se passer, de ce qui s'est passé. Qui peut prétendre que nous ne saurons pas plus tard, que nous ne

---

[3] ASHBY W. R. : *An Introduction to Cybernetics*, Chapman & Hall, London, 1956 pp. 109 et 279

[4] JOYCE J. : *Ulysse*, Le Livre de poche, Gallimard, 1948, pp 655-704

comprendrons jamais ? Nous conjecturons, la conjecture se prête au calcul, et le calcul à une confrontation avec l'observation. Une autre manière est de décrire ce qui se passe en utilisant les catégories du langage naturel. Les lois et les modèles ne seraient pas affranchis de vicissitudes ? Ils ne servent qu'à traiter les objets, ils ne leur font pas perdre leur identité. Imaginez que Newton ait pu bénéficier des bienfaits de l'informatique,...

PIERRE SIMON. Tout de bon ?...

JACQUES. ... À charge pour lui de constituer un modèle conceptuel de données, puis un modèle physique, pour échafauder la base de données de son système d'information...

PIERRE SIMON. Le pauvre homme !

JACQUES. Ce n'est qu'une supposition, mais elle n'a rien d'absurde. Certains savants ont été qualifiés de Newton de l'informatique.

PIERRE SIMON. Ils s'occupent d'intelligence artificielle plutôt que d'astronomie ou de lumière. Mais le langage informatique de base ne diffère-t-il pas passablement du langage naturel ?

JACQUES. C'est vrai. Il n'admet pas les polysémies. Il refuse les connotations : un mot, une signification et une seule, consignée dans la base. Il en est resté à la grammaire de Port Royal. Seul le verbe être fonctionne comme verbe : les autres en sont des attributs, comme en anglais : Pierre ne mange pas une pomme ; Pierre est mangeant une pomme[5]. C'est un langage un peu pincé. Il a même fini par supprimer le verbe être, remplacé par des relations essentielles entre colonnes d'un tableau. Il n'empêche : si l'un de ces nouveaux Newton venait à s'intéresser à l'astronomie, il userait des mêmes mots, soleil, lune, terre, pyramides, pomme, pour désigner les mêmes entités, dotées des mêmes attributs, entretenant les mêmes rapports. Nous n'avons rien changé à ce monde de significations littérales. Quand je proclame que tout est écrit, c'est la notion d'écrit qu'il faut retenir.

PIERRE SIMON. Elle est le propre de l'homme. Elle n'a de sens que pour lui s'il sait lire, ce que son cerveau a réussi à faire il y a peu : moins de six mille ans, en recyclant quelques neurones plastiques, que nos machines modernes ont réussi à localiser. Cette notion n'a pas toujours existé : au commencement était le verbe écrit dans le vent. Le ciel étoilé donne à lire, il est vrai, mais les nuages ? Je crains que même le grand Newton n'ait été obligé d'admettre que les nuages n'ont pas d'identité ni de permanence, qu'on ne peut pas les compter, que nul ne s'en soucie. En attendant je retiens de ce que vous dites qu'il n'y aurait d'autre réalité qu'écrite là-haut, donc à lire plutôt qu'à entendre.

---

[5] FOUCAULT M. *Les Mots et les Choses*, Gallimard, Paris, 1966, p 199

JACQUES. Ce que je dis ? Oui sans doute, comme vous, par nécessité. A quoi bon s'imaginer qu'il y a plus de choses dans le ciel et sur la terre qu'il n'en est écrit sur le Grand Disque Dur, s'il y a déjà plus de choses écrites que je n'en décrirai jamais avec le nombre fini de mots et de chiffres que je puis écrire, ou prononcer si cela vous chante, ou rêver en un temps fini, fût-ce toute ma vie prolongée par celle de mes descendants : lesquels n'ont désormais plus besoin d'apprendre à écrire, car il leur suffit d'appuyer sur les touches de leur ordinateur, où ils peuvent choisir parmi des centaines de polices d'écriture. Mais ce monde n'existe que dans ma tête, sous la forme de modèles approximatifs, inconstants, et surtout multiples. Certes il y aura toujours des mathématiques pour nous fournir l'illusion du continu, désormais avec l'assistance d'un ordinateur calculant des milliards d'opérations par seconde et plus, et surtout nous donnant à voir ces résultats sous la forme d'images en couleur ; mais la déduction, l'implication, les cordes, les liens, toutes les modalités de la tautologie y contribuent tout autant.

PIERRE SIMON. Mais croire que tout est écrit, ou plutôt que tout est programmé là-haut dans un Grand Ordinateur, c'est être déterministe d'une certaine manière.

JACQUES. Laquelle ? Pour rendre compte de notre ignorance, de notre incapacité à déterminer plutôt, le modèle fait grand usage de variables microscopiques en sorte que tout soit écrit là-haut à l'encre invisible. Pour rendre compte du fonctionnement même de notre cerveau connaissant, détecteur de régularités dans le monde par apprentissage associatif, pour tenter de modéliser en intelligence artificielle le bon sens et le contexte, il faut introduire des fonctions neuronales cachées entre les sensorielles et les motrices.

PIERRE SIMON. Cachez-moi ces variables cachées que je ne saurais voir : elles n'ont pas bonne presse en physique.

JACQUES. Je ne vous parle pas de cette physique-là, où les variables et la fonction jouent à cache-cache avec la vérité. Je vous parle d'un modèle du cerveau, de simili-neurones. Sans un cerveau humain au moins, pas de physique, pas de modèle de la nature dans un collectif qui ne comprendrait que des objets inanimés.

PIERRE SIMON. Et sans physique, sans un langage pour parler sur la nature, pas de modèle du cerveau.

JACQUES. La parole sur la nature est-elle une propriété émergente des interactions de composants d'un réseau connecté ? Distinguons régularités et règles : des calculs parallèles programmés à bas niveau dans un réseau neuronal à variables cachées coopèrent à la formation de règles de grammaire ou de pensée, un comportement émerge des interactions. Les orbites des planètes n'appliquent pas des règles, elles présentent des régularités ; elles n'ont plus besoin de variables cachées : elles ont passé l'âge...

PIERRE SIMON. Le temps qui scrute l'horizon des planètes et du soleil doit avoir une fin dans cent millions d'années environ. D'ici là contemplons plutôt les nuages. Le météorologiste Lorenz met l'atmosphère en équations, pas très compliquées, qu'il étudie dans un ordinateur, pas très grand. Il démontre ainsi, de manière déterministe et imagée, qu'un battement d'aile de papillon quelque part en Chine, dans le Désert de Gobi, peut sous certaines conditions provoquer des effets cumulatifs déterminés qui se termineraient au bout de peu de temps en tempête au dessus de Paris, autrement dit en une grande instabilité. Un papillon très médiatique, le dernier avatar du nez de Cléopâtre : tout le monde le connaît, même les vedettes de cinéma citent Lorenz : pour le comprendre, il n'est pas nécessaire d'avoir fait Polytechnique, il suffit de regarder le résultat d'un calcul d'ordinateur exprimé sous la forme d'une image : celle d'une spirale étrange ressemblant aux ailes d'un papillon...

JACQUES. Inutile alors d'invoquer le hasard pour ce type d'événement météorologique. Effets cumulatifs, dites vous ? Pourrait-on appeler ainsi les effets qui se produiraient si je marchais le long d'une rue vers la destination déterminée, enfin presque, d'un jeu de l'amour, ayant son origine dans un battement de cil, un clin d'oeil, et que ma trajectoire croisait celle, déterminée ô combien, d'une tuile détachée d'un toit par la tempête non moins déterminée dont vous parlez ? Eh bien je dis que le battement de cil a lui aussi été provoqué par le battement d'aile du papillon chinois. Tout est dans tout. Prouvez-moi le contraire.

PIERRE SIMON. Vous me répondez comme une compagnie d'assurances à une déclaration de sinistre. Pourquoi aurais-je la charge de la preuve ? N'essayez pas de me mettre en main votre patate chaude.

JACQUES. Votre définition mathématique de l'atmosphère me met mal à l'aise.

PIERRE SIMON. Vous voudriez une définition littéraire ?

JACQUES. Les deux, monsieur le baron. Que pensez-vous de la suivante : la rencontre sur une table de dissection d'une machine à coudre et d'un parapluie[6] est d'une beauté singulière car fortuite.

PIERRE SIMON. Le parapluie est assurément une cause indépendante. Disponible sur le champ pour rendre à son propriétaire le service qu'il en

---

[6] LAUTRÉAMONT. : *Les chants de Maldoror*

attend : à son propriétaire auquel il appartient, mais si peu, tant il est facile à voler. Un parapluie est plus indépendant qu'une tuile...

JACQUES. Selon notre auteur la rencontre de hasard n'est pas une question d'amour mais de beauté. Beau comme la rencontre fortuite d'un battement de paupières, disons celles de la jeune personne pimpante qui passe devant nous en ce moment d'un air décidé, et des suites d'un battement d'aile de papillon. Mais il y a un précédent. Rappelez-vous ce que dit Socrate, peu de temps avant de boire la ciguë chez Phédon.

PIERRE SIMON. Rappelez-le moi, s'il vous plaît.

JACQUES. Il démontre que l'âme est immortelle, puis il entreprend une description compliquée et chaotique de l'endroit où il pense que son âme ira habiter : le gouffre du Tartare, d'où quatre fleuves partent, et où ils se jettent, car ils ne trouvent pas d'appui, comme le sang que notre cœur fait circuler, comme l'air qui entre dans nos poumons et en sort. Pour faire simple, les quatre fleuves sont l'Océan, et l'Achéron qui coule en sens inverse et arrive au lac Achérousias, point de rencontre des âmes des morts ; le fleuve bouillonnant Pyriphlégéton qui décrit un cercle puis de nombreuses spirales et longe le lac sans mêler ses eaux aux siennes ; enfin le Cocyte, qui décrit des spirales en sens inverse du Périphlégéton, longe le lac en sens opposé, et dont l'eau ne se mêle à aucune autre...

Les morts y arrivent pour être jugés. Les bons, les justes sont libérés et atteignent en s'élevant les Iles des Bienheureux. Les méchants sont jetés dans le Tartare d'où ils ne reviennent pas. Les moyens, ni bons ni méchants, ceux dont les fautes n'étaient pas irrémédiables, ou qui s'en sont repentis, sont les plus intéressants : ils sont précipités au Tartare et de là aux fleuves tant qu'ils n'ont pas fléchi leurs victimes en sollicitant leur pardon ; ils en suivent le cours que je viens de décrire, et parcourent une spirale étrange, qui ressemble étrangement à la boucle décrite par votre Lorenz ! À ceci près que les coordonnées ne sont pas les mêmes : le Tartare est un monde imaginaire, mais à trois dimensions comme le nôtre, représentable en perspective cavalière sur le papier (fig.1 : on a effacé les trois axes) : largeur d'ouest en est ; profondeur d'arrière en avant, hauteur de bas en haut, où des fleuves peuvent couler sans mélanger leurs eaux ; tandis que la carte dessinée par Lorenz est bien celle du temps-qu'il-fait, mais pas du tout celle de la météo à la télévision ; elle représente l'évolution dans le temps-du-calendrier du temps-qu'il-fait dans une région donnée : la vitesse du vent, d'ouest en est ; la température au sol, d'avant en arrière ; la variation verticale de cette température, de bas en haut. La carte de Lorenz est celle de toutes les évolutions possibles. Le fleuve du temps-qu'il-fait coule dans un lit hautement instable : on ne peut le prédire à plus de quinze jours de distance. Les fleuves du Tartare coulent toujours dans le même lit mais en de nombreuses spirales, où l'âme embarque sur celle que le destin a choisie, parmi les configurations innombrables de fautes et de repentirs. Chacune peut modifier profondément le parcours, mais Socrate ne va pas jusqu'à prédire une telle sensibilité du sort de l'âme aux fautes et repentirs annoncés au départ. Pas fou, il ne soutient pas que les choses soient juste comme il l'a dit, mais que puisque l'âme est immortelle, à long terme en quelque sorte, il en prend le risque, car, ajoute-t-il : *kalos kindynos*, «le risque est beau»[7]. Comme la rencontre.

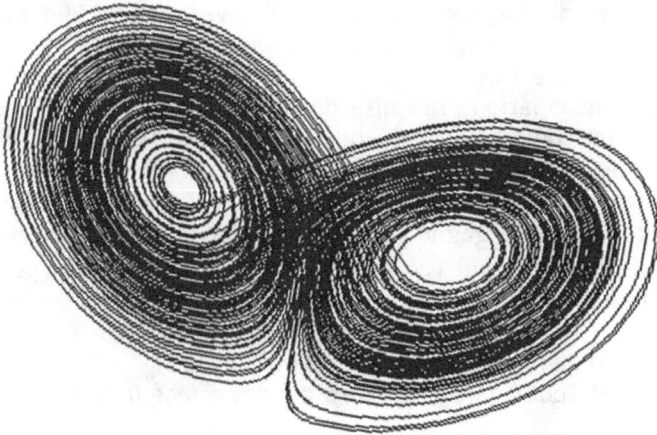

Fig 1. Attracteur de Lorenz le long du lac Achérousias

PIERRE SIMON. Allons, vous savez bien que la beauté ne fait rien à cette affaire : pour Platon comme pour Phédon, *kalos* signifie favorable, avantageux. Comme le *kerdos* d'Antigone, qui elle aussi meurt avant le temps qui lui est destiné.

JACQUES. Je vous accorde cela. Nos contemporains grecs l'emploient à tout bout de champ, même dans : «bonjour, bonsoir», dans notre sens de : OK, c'est extra, super. On peut qualifier ainsi le chaos déterministe.

PIERRE SIMON. La belle rencontre de Lautréamont ne serait donc pas fortuite ?

------

[7] PLATON : *Phédon*, in :Les Belles Lettres/Denoël, 1978, p.159

JACQUES. Peut-être pas. Un ami biologiste m'a montré un jour sur sa table de travail une expérience de dissection de coeur de grenouille tendu par des aiguilles et fils de machine à coudre disposés en étoile comme des baleines de parapluie ouvert : réduit à un menu morceau, le coeur continuait à battre, tous les morceaux contenaient un pacemaker. Quelqu'un fredonne une chanson et de proche en proche le coeur du groupe local fibrille en choeur.

PIERRE SIMON. Notre propre rencontre est pourtant bien due au hasard, n'est-ce pas ?

JACQUES. Allez savoir. Revenons à la série causale des parapluies, indépendants selon vous : encore qu'ils soient contraints de satisfaire à des normes. Un certain fabricant, semblable à celui qu'on voit dans le film «*Potiche*» de François Ozon, produit avec rigueur des parapluies autonomes, mais conformes aux spécifications de l'AFNOR.

PIERRE SIMON. Qu'est-ce ?

JACQUES. L'Association Française de Normalisation. Il vend son lot de parapluies aux commerçants du quartier qui les mettent à l'étalage à l'approche de la Saint Médard, quand la pluie menaçant de tomber entraîne les conséquences commerciales rapportées par les Frères Jacques : «c'est le gagne-pain des marchands de pépins et de waterproofs, faut bien que ces gens bouffent». Il n'empêche : pourquoi la pluie est-elle si forte ? Les causes étant faites pour avoir des effets, ne vous déplaise, un quidam achète un parapluie, qu'il se fait voler sans doute le matin même par un ami. Vous me suivez ?

PIERRE SIMON. Tout à fait : cela ne s'est pas effacé là-haut sur le Grand Rouleau.

JACQUES. L'ami s'en sert pour faire traverser à l'abri la rue à une belle. Il lui chante qu'elle a de beaux yeux tu sais, qui «voudraient bien le voir, mais elle ne les laisse pas le regarder, et ne veut pas battre des paupières[8]». Dans le Poème de Parménide, les yeux sont «les filles du soleil qui ont délaissé les demeures de la nuit pour la lumière[9]». Notre fille de lune, «lumineuse de nuit d'une lumière venue d'ailleurs, regardant toujours de tous côtés les rayons du soleil», a produit de jour l'éclipse de sa fille. «Alors je voudrais embrasser tes lèvres», conclut la chanson. C'est peut-être la belle que nous avons vu défiler tout à l'heure, devant le temps qu'il fait. Quelle tuile tombera-t-elle, et sur qui ? Jadis Jean Giraudoux a fait dire à Ulysse que la guerre de Troie n'aura pas lieu parce qu'Andromaque a le même battement de cil que

---

[8] *Malagueña salerosa*, chanson mexicaine
[9] *Le poème de Parménide* : fragment I, v.9-10 et fragments 14-15

Pénélope. Cela n'a pas empêché deux tuiles imbéciles : Oiax et Demokos, de faire tomber le bruit et la fureur sur Troie, comme Cassandre l'avait prévu...

PIERRE SIMON. Vous êtes comme les psychiâtres : vous voulez que tout ait une signification, un signifié plutôt, parce que tout est écrit, laisse une trace ou provient d'une trace. Au lieu de chercher ce que signifie le signal, demandez-vous avec plus de modestie si le sens est modifié par un changement dans la séquence ou dans le contexte.

JACQUES. Par un changement de ponctuation ? A défaut de hasard, je vous accorde l'ignorance. L'ami ne sait pas si ses yeux le voient, puisqu'elle ne les laisse pas le voir. C'est une variable cachée.

PIERRE SIMON. Pas à tout le monde ! Je les ai vus, moi, elle a battu d'une paupière. Accordez-vous une signification à ce signe singulier, serait-elle altérée si l'autre oeil s'était entr'ouvert en même temps, mais si la fille avait fait en sorte que vous n'eussiez aperçu qu'un seul clignement d'œil ?

JACQUES. L'ami qui lui dit : «T'as de beaux yeux » prouve par ces paroles qu'il l'a observée, qu'il a fait une mesure ou au moins une comparaison. Il a même constaté que cette observation et cette mesure ont modifié son comportement : elle a été dérangée par la mesure. En tous cas il semble savoir, lui, si l'autre oeil s'est ouvert ou non. Mais que sait-il de ce que l'oeil et le cerveau se disent ?

PIERRE SIMON. Dans un seul clin d'œil ? Demandez ce qu'il ou elle croit en savoir : peu de chose, je le crains. On a cherché à savoir ce que l'œil de la grenouille dit au cerveau de la grenouille[10] : des perceptions visuelles de lumières et d'ombres plutôt que des sensations lui signalent un ennemi à fuir ou une bestiole à manger, par un contraste local, une arête, une courbure : elle est le temps qu'il fait, et elle vit l'éclipse au quotidien ! Mais elle ne connaît pas le clin d'œil, ses yeux ne bougent pas comme les nôtres, ils n'ont pas de fovea, elle répond en déplaçant tout son corps pour se protéger ou pour saisir un objet de désir. Ce que notre propre œil dit à notre cerveau est un peu plus perfectionné, mais le cerveau a la charge d'imaginer à peu près tout, sauf l'éclipse.

JACQUES. Tout en adoptant et utilisant sans vergogne dans la vie courante les innovations bien pratiques du monde numérique, une grande part de l'humanité continue de croire que l'univers a été créé par Dieu il y a cinq mille sept cent soixante quinze ans avec les formes vivantes telles que nous les voyons et que les croyants trouvent parfaites, de ce point de vue. Mais les verriers de la région d'Iena

---

[10] Mc CULLOCH W. & MATURANA H. : *What the Frog'Eye Tells the Frog's Brain*, in : Embodiments of the Mind, The M. I. T. Press, Cambridge, Mass1961, pp. 231 et 253

fabriquent des lentilles infiniment plus perfectionnées que l'œil humain, de leur point de vue, et mettraient cet œil à la poubelle : à chacun sa vérité. Des vérités qui diffèrent par le but recherché.

PIERRE SIMON. L'oeil humain est le résultat de l'évolution pendant des milliards d'années d'êtres vivants cherchant à persévérer dans leur être et à défendre un territoire, en mangeant et en évitant d'être mangés, en cherchant un partenaire sexuel : ce n'est pas scientifique mais ce n'est pas rien, tout de même !

JACQUES. Le monde numérique est le résultat des efforts pour comprendre des phénomènes de la nature que l'œil humain ne voit même pas, pour expliquer, et pouvoir prédire dans son environnement : à chacun son éclipse.

PIERRE SIMON. Alors à demain matin peut-être, cher Jacques. Ou à une époque incertaine à un endroit imprévisible ?

JACQUES. «Jusqu'à ce que nous nous rencontrions à nouveau, je n' sais où, je n' sais quand, jusqu'à notre prochain rendez-vous, quelque jour ensoleillé[11]. »

PIERRE SIMON. Un événement aléatoire, reconnaissez-le.

JACQUES. Mais dont la probabilité dépend du temps qu'il a fait la veille : c'est le gagne-pain de la météo. Dans un coin de ciel gris qui se lève, le soleil a réussi une percée locale ; ce n'est encore qu'une trace de bleu sale derrière un rideau de buée, un clin de soleil. Quel temps fera-t-il après l'éclipse?

PIERRE SIMON. Si vous interrogiez cette femme...

JACQUES. A votre avis, qu'en dira-t-elle ?

PIERRE SIMON. Peut-être le contraire de ce que pense la grenouille.

JACQUES. Le temps qu'il fait ? Ou le fond de l'air ?

PIERRE SIMON. Elle aime les gens qui savent ce qu'ils veulent, et le temps qui sait ce qu'il fera.

JACQUES. Mais s'ils ne savent pas qu'il y a une éclipse ? Pour le savoir, il faut le jour, mais la lune ne le sait pas et toujours nuit.

PIERRE SIMON. Mal lui, lune...

---

[11] KUBRICK S. : Fin de la bande sonore de *Docteur Folamour*

2. Brave new world

Remontant en arrière d'une cinquantaine d'années pour chercher des traces d'ancêtres des machines à voler, nous trouvons dans les annales d'importants congrès et symposiums du milieu du vingtième siècle des éléments précurseurs : ces ancêtres paraissaient préoccupés par des problèmes de vocabulaire. Pour fonctionner, il fallait que ces machines nouvelles puissent communiquer : avant même d'être créées elles devraient être nommées pour qu'on puisse les interpeller. On s'inquiéta donc au préalable de la structure possible de machines à communiquer.

1949 : Un congrès prétendument « industriel » de l'aéronautique se tint à Paris. L'organisateur voulait qu'on n'y parlât de machines qu'en termes de constructeur, d'exploitant, et surtout pas en termes de modèles mathématiques abstraits. Mais un français y lança des mots : «turbo-réacteur, stato-réacteur, pulso-réacteur», pour désigner des choses qui volaient depuis peu, et le mot «moto-réacteur» qui ne vola pas (IC, ch.8.3), la tentative de l'ingénieur Coandă en 1910 ayant échoué, mais assurait la symétrie. Cela pouvait passer pour une opération de marquage de territoire : une même machine, inventée en 1909 par Lorin qui l'appelait «tuyère thermo-propulsive», fut rebaptisée «athodyd» par les anglais, «ram-jet» par les américains, et «stato-réacteur» par ce français. Bons princes, les organisateurs ne lui firent pas grief de ce que ses mots, n'étant que des mots, n'avaient rien d' «industriel».

Vers la même époque, un autre français inventa le mot «informatique» ; la chose était encore informe.

Quelques années auparavant, un français encore avait inventé le mot «ordinateur».

Puis la révolution numérique en marche voulut tout classer, notamment toutes les machines nouvelles. Il se produisit une grande bataille de mots.

Dans l'assistance on observait maintenant une présence importante d'informaticiens professionnels. La Session des Processeurs de langages fut ouverte par l'acte performatif habituel :

M. *RATEAU*, Président de séance. Je déclare la séance ouverte. Je vais donner la parole au premier orateur : Monsieur Comte est connu comme spécialiste du langage. Il va nous exposer une classification des processeurs de langage arborescente, à huit caractères d'utilité. Avant de lui donner la parole, je voudrais faire une remarque d'ordre général. Huit caractères discernables quels qu'ils soient donnent par dichotomie de quoi distinguer deux cent cinquante six objets. Cela tient à l'arborescence verticale du processus de classification, qui va du général au spécial, de l'abstrait au concret : le classement procède par paire de contrastes, on s'arrête quand il n'y a plus rien à opposer. Le système ignore l'échec : on peut toujours classer. Mais écoutons Monsieur Comte.

M. *COMTE*. Merci, Monsieur le Président. Ce ne sera pas long. J'appelle processeur une objet artificiel quelconque conçu en vue d'obtenir un résultat, défini par un cahier de charges socio-économique : c'est un ensemble de traits distinctifs que l'objet, unité significative, possède ou ne possède pas, mais devrait posséder. Le résultat du processeur est obtenu par des moyens qui définissent l'objet dans un espace procédural des possibles, où le classement des processeurs de langage ne diffère pas dans son principe du classement des processeurs de tout autre flux, par exemple des machines à voler. J'appelle multiplicité l'espace des possibles, et variété le nombre de traits distinctifs. Considérant d'abord leur rapport au temps, je distingue les stato-processeurs intemporels traversés en pipe-line par un flux permanent de données, des moto-processeurs dynamiques temporels ; puis selon que l'objet est exposé par un dialogue ou discuté à la ronde, les statopros se scindent en dyadiques et en circulaires, tandis que les motopros se divisent en pulsopros, adaptés aux conversations alternées qu'aiment les Camènes et les Postes de Travail, et en turbopros pour les suites de longs monologues batch implémentant des récits de Théramène en langue de bois. Les caractères suivants examinent la concourance...

UN *AUDITEUR*, l'interrompant. Qu'est-ce que c'est ?

M. *COMTE*. Il s'agit du parallélisme, ou non, des processus : vous exécutez les processus l'un après l'autre, ou plusieurs en même temps ; dans le premier cas vous devez bloquer les mots, les données que vous utilisez pour un processus, vous ne pouvez pas vous en servir en même temps pour un autre. On passe ensuite à leur exécutabilité ou non, au niveau du compilateur... à la persistence des données,...

LE *MEME AUDITEUR* interrupteur. Qu'est-ce encore ??

M. *COMTE*. ... au caractère distribué ou non de la mémoire...

Au sixième caractère, seuls les développeurs suivirent, le reste de l'assistance ayant décroché.

M. *COMTE*. ... Cela fait donc bien huit caractères distinctifs. De quoi distinguer dans la multiplicité deux cent cinquante six types de machines,... je veux dire de processeurs. A titre illustratif, je vais identifier d'après leurs caractères annoncés quelques dizaines de processeurs connus...

L'assistance tendit à nouveau l'oreille, et manifesta des signes de reconnaissance au passage...

M. *COMTE*. ... Pour terminer considérez le développement de quelques autres dont voici le tableau de caractères.

On les considéra.

M. *COMTE*. Leur utilité est démontrée a priori : tous les caractères sont sur le tableau, par conséquent ce processeur existe, C. Q. F. D.

On applaudit le tableau. M. Comte se rassit, satisfait.

LE *PRESIDENT RATEAU*. Je remercie l'orateur de son intéressant exposé. Une petite remarque personnelle avant de commencer la discussion. Le dynamisme interne de l'arborescence s'amortit à mesure qu'elle progresse vers la fin, comme le fit le Créateur ...

L'*INTERRUPTEUR* : Quand donc aura-t-Il tout classé ?

LE *PRESIDENT*. Il s'immobilise sa course achevée, quand il n'y a plus rien à classer, et non parce que le système de classement est tombé en panne : Dieu peut se reposer. La diversité des espèces est contrôlée par la dichotomie marchant vers le concret, même des noms propres peuvent servir à classer[12] . Mais assez parlé. Quelqu'un demande-t-il la parole ?

L'ingénieur Tuyère leva la main.

LE *PRESIDENT*. Vous, Monsieur ? Quel est votre nom s'il vous plaît ?

L'*INGENIEUR TUYERE*. Je suis surpris de constater que Monsieur Comte qui depuis des années n'a jamais cessé de se tromper dans ses prévisions, persiste à classifier des objets qui n'existent pas. Comment Monsieur Comte ose-t-il montrer un tableau ignorant les directions dans lesquelles se sont effectivement développées les technologies nouvelles ? Certains ingénieurs se donnent du mal pour trouver des machines nouvelles, des processeurs nouveaux...

LE *PRESIDENT*, l'interrompant : Votre nom, s'il vous plaît. Comment vous appelez-vous ?

L'*INGENIEUR TUYERE*. Quelle importance ? Les noms propres sont des signifiants arbitraires.

---

[12] LEVI-STRAUSS C. : *La pensée sauvage*, Plon Agora, Paris, 1962 p260

LE PRESIDENT. Non. Pas arbitraires : immotivés. Mais j'ai un motif : c'est pour le procès verbal.

TUYERE. Appelez-moi comme vous voudrez. Je disais donc : Certains se décarcassent pour créer des objets nouveaux. D'autres les nomment[13] ...

Brouhaha dans la salle.

TUYERE. ... Et les classent. Dès lors qu'ils ont été nommés, ils ont été affublés de traits distinctifs, arbitraires, je le répète, et en outre redondants, les lettres composant le nom, autorisant un classement. On peut toujours classer des noms : l'ordre alphabétique. Mais pour les huit traits distinctifs énumérés comme significatifs il suffit de huit bits zéro ou un : un octet, pour nommer les mêmes machines.

Des mouvements divers secouèrent l'assistance.

UN ASSISTANT, prenant la parole d'autorité. Moi je veux du classement ! Tout classement est supérieur au désordre. Si l'on demande de classer une collection de pommes et d'oranges par ordre de poids, volume,...

TUYERE. Est-ce la nouveauté que vous appelez désordre ?

L'INTERRUPTEUR. Si une espèce présente un caractère remarquable, ce dernier ouvre à l'observateur une sorte de droit de suite : le caractère visible est le signe de propriétés cachées. Pas de fumée sans feu : admettre qu'une graine en forme de dent préserve contre les morsures de serpent vaut mieux à titre provisoire que l'indifférence à toute connexion : le classement, même hétéroclite et arbitraire sauvegarde la richesse de l'inventaire, facilite la constitution d'une mémoire[14], externe bien entendu.

TUYERE se tournant vers l'assistance. Messieurs les nomenclateurs : «il ne suffit pas de classer, car c'est comparer la nature avec l'ordre de notre esprit. Mieux vaut, pour comprendre ses opérations, la comparer avec elle-même» : c'est Buffon qui le dit.

L'ASSISTANCE. Buffon ! Qu'est ce qu'un Buffon ? A quoi ça sert ? Qui a besoin d'un Buffon ?...

Tuyère se rassit sous les huées. Le calme revint.

LE PRESIDENT. Admettons que la compréhension des opérations de la nature intervienne dans la création d'objets nouveaux...

UN ASSISTANT, levant la main. Dans l'appropriation de la nature par l'homme, s'indigne Marx...

UN AUTRE ASSISTANT. Dans sa réquisition, se soucie Heidegger...

---

[13] LEDUC René. *Conférence à la Société pour l'Encouragement de l'Industrie Nationale*, Octobre 1949

[14] LEVI-STRAUSS C. *La pensée sauvage*, Plon Agora, Paris, 1962 p28

LE PRÉSIDENT. Soit. Comparons la nature avec elle-même, puisque Buffon le recommande. Les animaux ne classent peut-être pas, enfin pas d'une manière qui nous soit intelligible, car ils ne peuvent nommer, n'ayant pas de mots. Quoique les chimpanzés, si on leur fournit des étiquettes, savent en user comme de mots : ils auraient donc des objets. Inventorier les objets, n'est-ce pas la première démarche pour connaître son territoire, la suivante étant de les marquer, pour relayer l'insuffisance de la mémoire à court terme ?

TUYERE. Heureux animal qui se contente de pisser dessus pour se les approprier, n'ayant pas de mots.

LE PRÉSIDENT. Le système de marquage que propose Monsieur Comte est quand même plus propre ! Et en outre plus discriminant car il dépasse le binaire.

L'INTERRUPTEUR. Il n'existe pas deux cent cinquante six manières de compisser.

TUYERE. Il y en a une infinité, voyons ! Le pissement est analogique, c'est une signature.

LE PRÉSIDENT. N'importe : Un classement est utile : il diminue le nombre des étiquettes, il définit des équivalences, des possibilités de substitution d'un objet à un autre. Vos choses nouvelles sont des solutions de problèmes. Mais qui crée un problème ? Celui qui ayant parlé l'identifie, le nomme et le classe, par l'action que constitue l'emploi du langage à cet effet. Il est nécessaire de nommer les choses nouvelles.

TUYERE. Le nom n'est pas la chose nommée, excepté dans l'eucharistie, la carte n'est pas le territoire. Qu'est-ce qu'un nom ? Une suite de lettres, dont la description ne peut que renvoyer à d'autres suites. On ne crée rien de nouveau en nommant une soi-disant nouveauté.

LE PRÉSIDENT. Mais les caractères de Monsieur Comte. ? N'a-t-on pas nommé l'utilité en désignant ces attributs ?

TUYERE. L'utilité d'un classement, passe encore ! Mais celle d'un objet nouveau ? S'il est défini par des attributs spécifiants, c'est le cahier de charges qui est nouveau, pas l'objet. Et comment savoir s'il est utile tant que quelqu'un ne l'a pas demandé ? Est-il plus utile si l'on s'est battu pour le posséder? Ou si l'on s'est agenouillé pour l'adorer ? Ou s'il vaut très cher ? Prenez la dernière machine que j'ai construite : les caractères de ce tableau ne sont pas pertinents pour la décrire ; son utilité si elle en a une est nouvelle. Aucun des caractères que j'ai retenus ne figure au cahier des charges socio-économiques établi par

Monsieur Comte ; donc ma machine n'est pas utile au sens de Monsieur Comte, partant elle n'existe pas, C.Q.F.D.

LE PREMIER INTERRUPTEUR. La nomenclature ne laisse pas régler son compte à si peu de frais : les Indiens soi-disant primitifs n'abandonnaient pas au hasard la dénomination des choses de la Nature ; ils réunissaient des conseils de tribu pour arrêter les termes qui correspondaient le mieux aux caractères des espèces, classant avec beaucoup d'exactitude les groupes et les sous-groupes.

LE PRÉSIDENT. Que faisons-nous d'autre que de constituer un conseil de tribu à cet effet ? Mais je passe la parole à l'orateur suivant...

3. La Sainte Trinité en question

On appelle Sainte Trinité[15] une typologie de la planification proposée par R. Anthony en 1965 :

1) la planification stratégique (décisions sur les objectifs, et ressources requises) ;

2) le contrôle de gestion (s'assure que les ressources sont utilisées avec productivité pour atteindre les objectifs) ;

3) la gestion opérationnelle (contrôle d'exploitation).

Ce Plan part de l'idée que le décideur a une vue claire de ce qu'il veut produire (et vendre), et qu'il s'organise pour le faire avec efficacité, et pour en contrôler le bon déroulement, afin de réaliser la finalité de son entreprise, sans mettre en question sa vocation. A cet égard il s'est fixé des buts qui ont pu faire l'objet de délibérations, de discussions préalables, au cours desquelles on a pu s'informer de résultats d'une recherche pour en tenir compte avant de passer à l'action.

Dans une certaine société, il s'est trouvé des chercheurs dont l'illusion créatrice consistait à rêver en permanence d'un avenir meilleur, d'un autre appareil que celui que la hiérarchie leur demandait d'étudier dans le cadre d'un Plan conçu en vue de l'efficacité de la production de ce qui existait : la Sainte Trinité et ses prolongements dans l'actualité furent la manifestation d'un environnement externe venant contrarier leur vision personnelle du futur, dans le cadre d'un modèle scientifique constituant leur environnement interne.

Ce modèle scientifique a la particularité de mettre en œuvre un nombre limité de composants élémentaires, d'un nombre limité de formes, qu'un employé arrive à compter, une entreprise à fabriquer, un chercheur à comparer avec un nombre limité d'autres objets

---

[15] WISEMAN C. : *Informatique stratégique*, Editions d'Organisation, Paris, 1987.

semblables, ou d'êtres vivants : des millions, des milliards, guère plus, s'ils ont une identité définissable, reconnaissable individuellement ; pas le million de neurones d'une abeille, le milliard d'une ruche, dont on n'explore que le comportement global, sans parler des êtres cent mille fois plus élaborés.

À des moments incertains en des endroits imprévisibles les choses se gâtèrent. Les temps devinrent durs : la production ne se vendit plus. Une crise engendra le chômage et l'insécurité. M. Minos, Directeur de la Planification Stratégique Sociale, était contraint de licencier pour motif économique, n'en trouvant point d'autre : le personnel s'acharnait au travail et respectait l'organisation ; son incompétence ou son indiscipline devenait de plus en plus difficile à prouver.

Directeur de Recherche et Prospective, M. Achille n'avait toujours pas achevé le Programme Tortue : la Tortue était loin, bien loin au bout du tunnel.

— Cet Achille est un incapable, tonna M. Minos : il ne rattrapera jamais la Tortue. Qu'on le mette à la porte...

M. *DÉDALE*, Directeur du Développement : N'exagérons rien : il se heurte à des difficultés momentanées. Par qui le remplaceriez-vous ?

M. *MINOS*. Pas question de le remplacer : rayons le Programme Tortue de nos plans.

M. *DÉDALE*. Nous avons besoin d'atteindre la Tortue. C'est la finalité de notre Compagnie. Il faut aider Achille, trouver un moyen de gérer ses retards par rapport à la planification. Je propose un plan glissant.

M. *MINOS*. Vous voulez aider Achille ? Soit. Bien entendu, à l'heure même où il atteindra l'objectif, après l'avoir félicité, vous lui expliquerez que sa mission étant accomplie, il n'est plus possible de le conserver. Avec les ménagements d'usage qu'il vous plaira d'employer.

M. *DÉDALE*. Quand le programme sera exécuté, les crédits épuisés, je ne m'opposerai pas à la suppression de ce poste.

M. *MINOS*. Pourquoi ne pas externaliser la Prospective ? Et laisser les effectifs partir avec elle ?

M. *DÉDALE*. Impossible : la Prospective, c'est le Programme Tortue, une ardente obligation du Plan. Mais Achille se disperse en Futurologie : il pourrait l'étudier ailleurs. C'est une idée. Nous verrons.

....

ZÉNON. Achille, tu devrais défendre ta place. je tiens de source sûre qu'elle est menacée de suppression.

ACHILLE. Quand ?

ZÉNON. A l'heure même où tu auras résolu le Programme Tortue.

ACHILLE. Bah ! Il faudrait pouvoir la déterminer pour envisager mon départ. L'heure n'est pas prévisible, la transformer en non-événement est chose aisée. Avant l'heure, ce n'est pas l'heure ; après l'heure, ce n'est plus l'heure ; ce n'est jamais l'heure.

ZÉNON. Je doute que tu parviennes à suspendre tes chefs sur le fil de rasoir d'une dialectique du temps sans épaisseur mesurable. Songe à te maintenir sur le versant amont en tous cas.

ACHILLE. C'est une affaire d'auto-organisation : lorsque j'aurai parcouru environ la moitié de la distance qui devrait me séparer de la Tortue, je m'arrêterai pour faire un rapport.

ZÉNON. Et alors ?

ACHILLE. Cela me prendra un certain temps, c'est-à-dire un temps de durée incertaine. Je noterai les particularités du chemin à parcourir : les accidents de terrain, les changements d'allure imposés par les montées et descentes, les virages,...

ZÉNON. Il n'y a rien d'incertain dans tout cela !

ACHILLE. ... les intempéries,. les obstacles prévus et imprévus, les moyens de les éliminer, de les contourner, de les tourner à notre avantage,...

ZÉNON. Bon : c'est plus intéressant, mais où cela te mènera-t-il ?

ACHILLE. Les conclusions seront claires : nous sommes sur la bonne voie ; il reste encore la moitié du chemin à faire ; les crédits dépensés à ce jour l'ont été à bon escient ; il serait criminel de les passer en pertes à la suite d'une interruption inconsidérée du développement en cours. Le Programme Tortue doit être maintenu coûte que coûte.

ZÉNON. Le crois-tu vraiment ?

ACHILLE. Mais c'est la vérité ! La réalisation d'un Programme, cela consiste à corriger sans arrêt des erreurs qui ont entraîné un échec provisoire. Minos n'y voit que des échecs : plus il y en a, plus l'arrière-cour de l'usine ressemble à un cimetière des maquettes et prototypes abandonnés dont elle est encombrée, plus il croit que je suis un perdant embourbé dans une mauvaise voie. Alors qu'en réalité j'accumule des petits bonheurs, j'approche de plus en plus de la Tortue, dont l'image resplendit au bout du tunnel.

ZÉNON. Que tu vives heureux dans ce contexte, j'en suis persuadé ; mais les autres, ceux qui paient, comment veux-tu qu'ils ne se sentent pas floués ?

ACHILLE. Evidemment. Minos n'a pas droit à l'erreur : pour lui ce sont autant de défaites, alors que pour moi ce sont les conditions mêmes du développement. Dédale au moins devrait le comprendre.

ZÉNON. Tu fais de la recherche ? Insiste là-dessus.

ACHILLE. Si je parle de recherche on m'en demandera le Programme. Pour atteindre la lune sans savoir où elle se trouve ni par quel chemin ? Impossible de l'avouer, je serai obligé de prétendre que j'en ai une certaine idée : de la chiffrer en temps et coût, de l'appliquer même si je découvre après demain que cette idée ne tient pas debout. Il y a maldonne dès le départ : pas de programme de recherche sans hypocrisie. Et même si le payeur comprenait cette condition, selon quel critère m'attribuerait-il des crédits ? Il faut imaginer l'avenir meilleur, les nouveaux emplois créés : le bonheur en plus ! et faire partager sa foi...

ZÉNON. Au fait, le Programme Tortue, qu'est-ce aujourd'hui ? N'oublie pas que j'ai quitté la Compagnie pour une année sabbatique.

ACHILLE. Sa finalité n'a pas changé depuis : se maintenir coûte que coûte à la pointe extrême de l'avant garde aéronautique et spatiale.

ZÉNON. Mais le Programme lui-même ?

ACHILLE. Réaliser mon domaine de Prospective : ce qui volera, dans dix ans, dans vingt ans. Volera au futur. J'examine les armes du combat industriel futur, je suppute leurs chances et je les catalogue.

ZÉNON. Tu ne juges pas utile de tirer des enseignements du passé ?

ACHILLE. Quel passé ? les lointains ancêtres de mon chef, évadés du Labyrinthe avec des ailes de cire ? Passe pour Dédale l'Ancien qui fuyant la Crête a réussi à joindre la Sicile, mais son fils trop imprudent a montré le mauvais exemple à ne pas suivre. Des aperçus instructifs tout de même dans cette direction : jetons un coup d'œil rapide sur ce passé, commençons par la visite du musée, qu'on appelle aujourd'hui analyse de l'existé. On a failli commencer par la machine à vapeur ! Mais le carburateur était trop gros. Il y eut ensuite les moteurs à piston. Paix à leurs cendres.

ZÉNON. Tu les enterres un peu vite : les moteurs de tondeuse à gazon volent. Mais il est vrai que les gros moteurs à piston ont disparu.

ACHILLE. Ils ont disparu quand leurs constructeurs ont pris leur retraite ou sont morts. On s'est ensuite rendu compte que ces moteurs contenaient trop de pièces en mouvement relatif les unes par rapport aux autres, on y a vu autant de sources d'aléas : au delà de trente pièces, les aléas suivent la loi des grands nombres. Résultat : trop de vibrations aléatoires.

ZÉNON. Mais le turbo-réacteur qui les a supplantés contient aussi des pièces en mouvement ...

ACHILLE. Une pièce ! Compliquée et chère, mais une seule. D'où un avantage écrasant en entretien, une durée de vie dix fois supérieure.

Mais on ne l'a su qu'après. C'est la loi de l'apprentissage, acquis en supprimant des différences, en imitant et en copiant.

ZÉNON. Toutes les aubes naissent libres et égales, en droit.

ACHILLE. Egales en droit au travail réclamé du compresseur, équitablement réparti entre toutes les aubes présentes afin qu'aucune ne soit au chômage, mais en conservant leur distance. Fi ! l'autre est mon jumeau, constate l'aube avec horreur ; la séparation est un effet pervers de l'égalité ; pas question de nous unir.

ZÉNON. L'égalité qui nie les différences est la cause d'une crainte mutuelle ; les aubes ont peur du même.

ACHILLE. Il est vrai, l'absence de hiérarchie est un défi de l'artefact à la nature. Regarde au contraire le cylindre, où glisse le piston entraînant la bielle qui fait tourner la manivelle solidaire de la roue : tous différents, mais unis, dans un ordre significatif, une structure hiérarchique certes mais où aucun ne saurait sans ridicule revendiquer de supériorité sur l'autre : différents, mais non pas inégaux ; chacun est indispensable à sa place, bien intégré dans son environnement où il se reconnaît. Pas d'assimilation : on n'imite pas le voisin, on ne copie pas. Pour intégrer, on insère. Pas d'unité du tout sans différenciation : une source de travail plus saine que la division.

ZÉNON. Tout de même l'avenir est à l'égalité : l'union des différents implique la multiplication des mouvements relatifs génératrice d'anarchie. Le renoncement des parties égales à leurs libertés formelles, conjugué à la liberté du collectif, engendre la fiabilité accrue, la qualité, la confiance du marché...

ACHILLE. L'uniformité : l'ennui, la recherche du désordre.

ZÉNON. Mais si ce n'est pas le progrès technique, quel est le motif qui a poussé les concepteurs à rêver d'autres machines, et les constructeurs à les construire ?

ACHILLE. Des philosophes ont rêvé les mille manières de boire le vent : le moto-réacteur précautionneux et traditionnaliste le mange ; le turbo-réacteur superstitieux le lappe à petites gorgées comptées en nombres bénéfiques ; fainéant, le stato-réacteur attend qu'on le lui mette en bouche et l'avale cul sec ; des hoquets d'ivrogne annoncent le pulso-réacteur. Quelques-uns ont été construits.

ZÉNON. Ce fut le passé atmosphérique.

ACHILLE. Oui. Dans l'espace, il n'y a pas de vent à boire. Quittant la promiscuité visqueuse de la Terre, voici les fruits emportés qui nous ont fait franchir l'espace : fusée à solide, fusée à liquide, fusée à plasma... Je suis un expert reconnu en ces matières. On m'invite aux tables rondes sur l'espace de demain.

ZÉNON. Est-ce une référence ? Ceux qui savent faire font ; ceux qui ne savent pas faire enseignent.[16]

ACHILLE. Cela n'emporte pas que ceux qui enseignent ne savent pas faire, ni que ceux qui font savent faire.

ZÉNON. Quel rapport avec le Programme Tortue ?

ACHILLE. Nous y sommes en plein. J'ai toujours couru en avant des bancs d'essai. Avant la guerre, j'avais étudié les turbo-réacteurs, bien avant tout le monde. Ma réputation de précurseur était établie. Pour en rester digne, dès que ma relève fut assurée dans les réacteurs, je me suis spécialisé dans les fusées. Seulement après les V2, que voulais-tu que je fisse ? Je fus toujours à l'avant-garde du progrès, ne l'oublie pas ! Ce n'est pas une position commode ! L'évolution technique dépasse toujours ce que la raison prévoit.

ZÉNON. Et l'évolution des mentalités reste toujours à la traîne. Mais puisque te voilà spécialiste renommé de l'astronautique maintenant...

ACHILLE. Je suis inquiet. On a déjà mis le pied sur la lune. L'homme atteindra Mars dans les années qui viennent. Alors de quoi aura l'air, je te le demande, le spécialiste terrestre des problèmes de l'avant-garde extrême ?

ZÉNON. Il y a la fusée à photons qui tient encore, et la propulsion nucléothermique.

ACHILLE. Tu crois ? La place commence à chauffer.

ZÉNON. Ne panique pas, ton rapport est remis. Que vas-tu faire maintenant ?

ACHILLE. Je vais repartir, pour m'arrêter à nouveau après avoir parcouru la moitié du chemin résiduel.

ZÉNON. Qui va l'évaluer ?

ACHILLE. Pourquoi pas toi, Zénon ?

ZÉNON. Mais je n'ai aucune compétence pour l'estimer !

ACHILLE. Il ne s'agit pas de compétence mais de performance. Je ferai un nouveau rapport qui différera du premier quant aux détails, aux dates, mais non dans sa conclusion.

ZÉNON. Dans un temps de plus en plus réduit ? Nous irons ainsi de vitesse en précipitation : je ne sais pas si je réussirai à contrôler la situation.

ACHILLE. Les programmes de recherche ne versent jamais dans la précipitation. Tu oublies les aléas de la route, les hésitations, les retours en arrière. L'objectif évolue lui aussi. En bonne gestion il faut proportionner la vitesse de l'objectif à celle de son poursuiveur, afin que l'un et l'autre préservent leur identité .

---

[16] Attribué à Bernard SHAW

ZÉNON. Mais à quoi l'une et l'autre vitesse sont-elles proportionnelles ?

ACHILLE. Au chemin qu'il reste à parcourir. En admettant même que l'objectif n'évolue pas, il faut à peu près autant de temps pour effectuer les neuf dixièmes d'un programme que pour passer des neuf dixièmes aux quatre-vingt dix-neuf centièmes, de quatre-vingt dix-neuf pour cent à neuf cent quatre-vingt dix-neuf pour mille, et ainsi de suite : d'une part parce que le programme résiduel est plus difficile à réaliser, d'autre part parce que les allocateurs de ressources, s'imaginant à tort qu'il reste peu à faire, retirent des ressources pour les placer ailleurs. C'est ce qui m'attend. Avec une telle loi de vitesse, la durée du développement augmente d'un cran constant chaque fois que le chemin qu'il reste à parcourir diminue de moitié, elle augmente indéfiniment.

ZÉNON. Et tu n'as pas vraiment tenu compte des aléas.

ACHILLE. Ils expriment la multiplicité des possibles. D'où la demande de multiplicité de réponses à mettre en face de la prolifération des possibles qui l'agressent en menaçant de se réaliser. Au besoin nous en fabriquons, de la multiplicité : avec une roulette, ou quand nous organisons un *brainstorming*, ou quand nous bricolons. Cela coûte cher en temps et moyens il est vrai, mais la nature ne procède pas autrement, les hommes non plus : ils fraient leur chemin à travers une forêt d'erreurs.

ZÉNON. Sauf si l'on a décidé qu'on n'irait pas jusqu'au bout. Il faut savoir arrêter une recherche.

ACHILLE. Ils sauront. De nos jours, plus d'inventeur isolé, la réalisation coûte trop cher : on innove en équipe. Une fois encore l'exemple nous vient de Crète : Zorba le Grec et ses amis veulent y faciliter l'exploitation d'une mine de lignite par un funiculaire reliant un monastère en haut d'une montagne à la mer. N'arrivant pas à calculer la bonne inclinaison du chemin de fer aérien, Zorba voit en rêve la Sainte Vierge qui lui révèle l'inclinaison par une maquette et disparaît : la Vérité dévoilée ! L'essai de mise en oeuvre devait se faire en accrochant au câble trois grands troncs de pins lâchés ensuite vers la mer, au nom du Père, et du Fils, et du Saint Esprit, puis un quatrième au nom de Notre Dame de la Vengeance. L'intervention divine n'ayant pas suffi, les piliers qui supportent le câble en porte-à-faux vacillent, tremblent, et s'écroulent l'un après l'autre comme un château de cartes, au milieu de la population affolée : ouvriers, villageois et moines qui s'enfuient à la débandade. Mais souviens-toi, s'il te plaît, du malheur horrible survenu à six compagnons d'Ulysse entre les gouffres de Charybde et de Scylla, tel que le décrit Homère dans le chant XII de l'Odyssée : le danger passé, ils préparèrent leur repas avec des mains expertes ; satisfaisant la soif et l'appétit puis pleurant leurs six amis que du creux du vaisseau la terrible Scylla était venue leur prendre, ils s'endormirent après les larmes[17] : la Vérité, rien que la Vérité, toute la Vérité ! Dans des conditions moins tragiques, Zorba et son patron, eux aussi demeurés seuls sur le rivage, boivent et mangent le repas préparé pour la fête par des mains expertes. Ils se mettent enfin à danser le sirtaki[18]et à rire : « Il fit un saut, ses pieds et ses mains devinrent des ailes...En regardant Zorba danser, je comprenais pour la première fois l'effort chimérique de l'homme pour vaincre la pesanteur ».

ZÉNON. Pourquoi tous ces détails ? Ce n'est pas l'usage, dans une situation malgré tout tragique.

ACHILLE. Assurément ce n'est pas la vérité dévoilée ! Pas plus que l'adéquation entre l'expérience et la théorie. Juste la vérité des faits, mais il fallait Homère pour trouver les mots : quelque épouvantable que soit la situation vécue, à moins de sortir d'un camp d'extermination, d'un tsunami, d'un bombardement atomique, les survivants doivent ensuite manger, boire et dormir. Une vérité chimiquement impure ne saurait être tragique : on ne peut pas purger les passions avec. La Vérité, Toute la Vérité, contient du temps qui est invention et du temps qui n'est rien du tout, composé de faits ordinaires, itératifs, qui détruisent l'exaltation héroïque.

ZÉNON. On la rencontre plus souvent chez un créateur isolé, qui devient plus rare, me dis-tu. Mais il arrive en effet qu'une expérience finisse mal, même quand elle est entreprise par une équipe. De nombreux exemples dans le nucléaire, dans le spatial, et même dans le pétrolier sont dans toutes les mémoires. Ils impliquent une industrie entière. Mais qu'en est-il dans les entreprises moyennes et petites, dans une équipe limitée comme la tienne ? Qu'apporte en ce cas la communication de groupe ? Quel rituel adapté à une situation catastrophique est suscité ?

ACHILLE. Les membres de l'équipe se regardent en silence deux à deux [19]. Au bout d'un certain temps de contemplation mutuelle, quelqu'un se lève, et se désigne comme victime émissaire en des termes d'Oedipe vacciné[20]: — « Bon, je me considère comme engueulé. Et maintenant, qu'est-ce qu'on fait ? » Aussitôt les autres claquant des doigts, s'exclament : — « On danse le sirtaki ! » et enchaînent : —

[17] HUXLEY A. *Tragedy and the whole truth*, in : Music at Night, The Albatross,1935, pp.7-19
[18] KAZANTZAKI N. : *Alexis Zorba*. Dans le roman, ils dansent le *zéimbékiko*. Le sirtaki a été inventé en 1964 pour le film..
[19] Cf : IC, Pl VI. *Boléro de Girard*.
[20] ISAÎE 53,4 (Cf : IC, ch 13,5)

« Taroooing, Taroooing, Taroooing, [21] ... » qui sonne dans cette circonstance non comme un thrène sacré, mais comme une source de détente salutaire.

---

[21] FORESTIER F. : *Le nanar de la semaine : Zorba le grec,* in TéléObservateur, 10 février 1995

42

4. Intermezzo

L'écrivain tchèque Karel Kapek a inventé le mot robot dans les années trente. L'humanité a créé tout d'abord des robots pour remplacer les êtres humains dans l'exécution de tâches pénibles: on s'est aperçu qu'elles pouvaient être effectuées machinalement, donc par des machines. Il ne s'agissait que de manutention assistée. Des machines à calculer existaient depuis longtemps. Puis au fil du temps on finit par créer des machines à penser, à imiter les humains dans les moyens qu'ils utilisaient pour communiquer le résultat de leurs cogitations à d'autres humains. À la fin elles se mirent à communiquer tout simplement entre elles, créant des problèmes de machines.

En rapportant l'histoire ci-après, nous l'avons imaginée vécue par des i-robots intelligents discutant avec des s-robots capables de sensations, de sentiments, de passions, dont on croyait avoir enfin compris le mécanisme de formation dans notre corps.

Didascalie :

La scène se déroule dans un centre d'études de moteurs, comprenant un bureau d'études et des bancs d'essais.

Indications de scène concernant une « conversation » vocale entre des Robots communicants :

Robot :	*Totem* :
Directeur-Des-Relations-Robotiques :	S. I. A. D. [22]
Concepteur	CARY SMATICK
Expérimentateur :	ANTIGONE
Calculateur :	SOUS-PAPE
Exécutant	TINTIN DE RALLONGE

---

[22] Système Informatique d'Aide à la Décision

Les caractéristiques de comportement des Robots dans leur Groupe de Travail sont celles qui se devinent à travers le discours rapporté :

CARY SMATICK. A la suite de l'exploration de l'espace des possibles, nous avons à examiner un projet de banc de monocylindre d'un type nouveau, qu'il faudra réaliser pour de bon, faute des données nécessaires pour mener des expériences virtuelles : les soupapes sont placées sur le piston afin d'aider le mouvement des gaz qui les traversent.

ANTIGONE. N'oubliez pas le volant ! Aucun monocylindre ne fonctionne sans volant : il est nécessaire pour assurer la continuité du mouvement.

S. I. A. D. Où allons-nous trouver un volant ? Les Impératifs de la Productivité commandent : tout pour la Production, rien pour la *Arandi*.

CARY SMATICK. Qu'est-ce que c'est que ça ?

S. I. A. D. En anglais : *R and D*, la Recherche/ Développement. Débrouillez vous plutôt dans le *french D system*, le bricolage. Sans regret : avant nous avions un stock intouchable, maintenant il n'y a plus de stock du tout !

CARY SMATICK. Il doit rester un vieux volant dans le stock des pièces désaffectées de l'ancienne usine fantôme. Allons voir s'il fait l'affaire.

....

CARY SMATICK. Les simulations du fonctionnement du piston à soupapes sont terminées, la solution à valider est dessinée. Au volant près, qu'il faudra bien réévaluer : celui que nous avons trouvé n'est utilisable que comme ébauche. Mais nous avons les plans. Je demande à Sous-Pape d'en calculer la résistance : ses effets sont simulables, mais à condition qu'il reste entier ! Dans l'état de nos connaissances, seul le calcul peut nous dire s'il ne cassera pas.

SOUS-PAPE. Quelles sont les spécifications imposées ?

CARY SMATICK. La vitesse maximum continue devrait être de huit mille tours/minute. C'est un moteur qui développe cent kilowatts. Evidemment le cycle présente des variations cycliques.

SOUS-PAPE. On pourrait représenter ces variations par un couple sinusoïdal ? Et y ajouter un troisième harmonique...

ANTIGONE. Un peu simplet comme approximation ! Bien la peine d'être un Robot moderne ! Tu trouveras dans la Base de Connaissances autant de données expérimentales passées que tu voudras pour simuler un modèle de monocylindre approchant la réalité ; et même un programme paramétré de modèle.

SOUS-PAPE. Oui mais pas avec des soupapes sur le piston.

ANTIGONE. Ne te polarise pas là-dessus. Concentre-toi sur le calcul de résistance du volant, et pense plutôt à introduire un élément aléatoire :

la charge n'est pas constante. De plus il se peut que le moteur ait à supporter des pointes de survitesse. Calcule le volant pour qu'il tienne à dix mille tours/minute

SOUS-PAPE. Nous verrons. Montre moi les plans de la pièce qu'on t'a fourni.

ANTIGONE. Quand nous donneras-tu le résultat du calcul ? Et combien nous coûtera-t-il ?

SOUS-PAPE. Si le programme informatique existant est exploitable, disons d'ici quinze minutes de temps d'exploitation, soit deux heures et demie de temps écoulé. Cela coûtera le prix d'un quart d' heure de calcul...

....

Trois heures après.

SOUS-PAPE. Voici le résultat du calcul. Il faudrait renforcer le volant en apportant les corrections de profil indiquées en trois endroits. Sinon, tout est bon.

ANTIGONE. En es-tu bien certain ?

SOUS-PAPE. Absolument. Dans la mesure où tes plans sont corrects. Foi de Robot Calculateur !

ANTIGONE. Je peux donc lancer l'ordre de modification du volant ?

SOUS-PAPE. Tu le peux.

ANTIGONE, à CARY SMATICK. Passez en Conception Assistée par Ordinateur les corrections qu'il demande et mettez à jour en conséquence le programme de Fabrication Assistée par Ordinateur, sans oublier la vérification du passage libre des outils. Et n'oubliez pas de faire contresigner Sous-Pape !

SOUS-PAPE. La confiance règne. Mais bien sûr je contresigne : je garantis l'exactitude de mes calculs.

....

ANTIGONE : L'ordre de modification est parti pour le meilleur et pour le pire. Nous aurons bientôt toutes les pièces et les Robots Assembleurs pourront commencer le montage du banc. As-tu réfléchi depuis, refait tes calculs ?

SOUS-PAPE. Refaire les calculs, pourquoi ? Un Robot ne se trompe jamais dans les calculs ! Enfin, si tu tiens à dépenser un nouveau quart d'heure de machine...

ANTIGONE. Non : je veux que tu revoies tes hypothèses.

SOUS-PAPE. Mes hypothèses ? Mais ce sont celles du programme, y compris pour les contraintes thermiques ! Codées selon les meilleures sources.

ANTIGONE. Repasse-les en revue s'il te plaît.

SOUS-PAPE. Les hypothèses, dis-tu ? Soyons sérieux. Les calculs dans le domaine élastique sont basés, tu le sais bien, sur l'hypothèse que les déformations sont proportionnelles aux efforts appliqués et réversibles tant que la limite élastique n'est pas atteinte. Un morpion sur le Pont de Brooklyn : il y a une flèche. Deux morpions au même point : la flèche est double. Je tiens la limite élastique de Robot Métallurgie qui a expérimenté des éprouvettes à partir de pièces de même origine métallurgique .

CARY SMATICK. Et si les morpions ne sont pas tous au même endroit ?

SOUS-PAPE. Grâce à leur gravité et grâce à l'élasticité du Pont, ils communiqueront par le Pont : c'est un couplage structurel.

CARY SMATICK. Vous les avez supposés immobiles. mais s'ils allaient l'un vers l'autre ?

SOUS-PAPE. Un morpion ne marche pas. Ma programmation n'a pas accordé cette propriété à l'objet morpion, heureusement : ce serait terrible ! Des morpions militaristes, ou même un morpion unique, marchant au pas cadencé, pourraient démolir le Pont, seul univers connu du morpion. *De profundis*[23].

ANTIGONE. Cela est arrivé au Pont de Tacoma en 1940. Mais c'était peut-être à cause d'un battement d'aile de papillon, cadencé lui aussi ?

CARY SMATICK. On a toujours les organes et les fonctions correspondant aux affects[24] dont on est capable. Suivez Descartes, commencez par les objets les plus simples, affectés dans un monde associé bien délimité, construisez un système expert : le pou sur un crâne, l'araignée sur sa toile, le morpion sur le Pont, voilà des bêtes scientifiques et pas l'âne de Buridan et de Gödel.

S. I. A. D. Ils auraient été bien-aise qu'on leur construisît un système informatique d'aide à la décision.

SOUS-PAPE. Avec les dimensions corrigées que j'ai indiquées, aucune déformation permanente n'est à craindre.

ANTIGONE. Même avec une charge aléatoire ?

SOUS-PAPE. Si elle est aléatoire et par conséquent non cadencée, mais à condition qu'elle ne dépasse pas la limite que tu m'as indiquée.

ANTIGONE. Mais je ne connais pas plus que cela les aléas !

SOUS-PAPE. Tu en supporteras seul la responsabilité. Je prends celle du calcul, sans plus.

---

[23] POULET-MALASSIS A. : *Poésies de Th. Gautier qui ne figureront pas dans ses œuvres* in : Parnasse satyrique du XIXᵉ siècle, 1864

[24] D'après DELEUZE G. : *Dialogues*, Flammarion, 1996, p75

ANTIGONE. Le Pont de Tacoma aussi a été calculé : mais pas pour l'aléa qui s'est produit en réalité. Pas d'autre hypothèse?

SOUS-PAPE. La pièce a été supposée exempte de défauts, fissures, etc... Mais comme elle n'est pas encore contrôlée...

ANTIGONE. Elle ne va pas tarder à l'être, dans son état final .

SOUS-PAPE. Sur ce point, je passe la responsabilité à Robot Contrôleur, qui la passera au magnaflux. Qu'il me tienne au courant.

ANTIGONE. Et tu te sentiras solidaire de Robot Contrôleur ?

Cette question déclenche une émotion d'arrière-plan chez Sous-Pape, un mal-aise : un signal transmis à sa base de données active une boucle de réaction négative.

SOUS-PAPE. Ça veut dire quoi, solidaire ? Si je n'étais pas un Robot plein de patience, je commencerais à m'énerver pour de bon ! Mais j'ai été programmé pour rester calme, à l'aide d'une boucle dans mon logiciel. Tu ne t'intéresses pas à la durée d'utilisation du volant avant que l'usure ne le détériore, je présume ? Tu l'auras jeté bien avant ! Je peux déduire des mesures de contrôle et de mes coefficients de fiabilité le risque de rupture au cours des dix premières heures par suite d'une défaillance précoce.

ANTIGONE. Ah, parce qu'il y a un risque de rupture ?

SOUS-PAPE. Naturellement qu'il y en a un ! Le risque zéro n'existe pas dans la nature, même chez les robots. Nous sommes convenus que la pièce sera refusée si le risque calculé dépasse un pour cent millions.

ANTIGONE. A quoi correspond ce chiffre ?

SOUS-PAPE. Il est comparable à ton propre risque de mourir d'une crise cardiaque au calme chez toi dans le même laps de temps. C'est sur cette base qu'est calculée la prime d'assurance.

ANTIGONE. Mais les Robots n'ont pas de crise cardiaque !

SOUS-PAPE. Nous avons bien nos pannes de processeur. C'est affaire de cindynique. [25]

Quelques heures plus tard, Antigone convoque Sous-Pape à l'ouverture du banc d'essais. Il ordonne que le banc soit évacué par tous les autres excepté Robot Exécutant branché sur le Tableau de commande :

ANTIGONE. Le volant a été accepté par Robot Contrôleur. Le banc est monté, prêt à démarrer. Une dernière fois, maintiens-tu tes certitudes, tes vérités ?

SOUS-PAPE. Quelles certitudes, quelles vérités ?

---

[25] Calcul des risques industriels

48

ANTIGONE. Que le volant ne volera pas en éclats, pendant les dix premières heures.

SOUS-PAPE. La vérité, c'est ce qui s'est produit, ce qui a eu lieu, hier, le Pont de Tacoma. La certitude, ce qui se produira, ça n'existe pas. La probabilité est de cent millions contre un.

ANTIGONE. Comme de ne pas gagner au loto ?

SOUS-PAPE. C'est à peu près cela.

ANTIGONE. Mais il y en a qui gagnent... Si j'éclate avant le temps, *kerdos aft'ego lego*, je te jure j'y gagne, dit le volant, il aura appris quelque chose, mais nous ...

SOUS-PAPE. Il y a cent millions de paris. Si nous faisions démarrer cent millions de bancs identiques, l'un d'eux aurait des problèmes. Même si nous faisions fonctionner celui-là pendant cent millions de fois dix heures, ce ne serait pas comparable, car il n'y aurait eu qu'un seul démarrage de banc neuf.

ANTIGONE. Laissons là tes certitudes et probabilités. Il y a aussi tes engagements.

SOUS-PAPE. Quels engagements ? Un Robot ne s'engage pas ! Ce n'est pas dans mon programme. Il n'y a pas plus de certitude que d'engagement. Ni moins.

ANTIGONE. Arrêtons cette discussion oiseuse. Bon. Mets-toi-là s'il te plaît.

Le programme de sécurité personnelle de Sous-Pape lui envoie un signal d'alarme.

SOUS-PAPE. Que vas-tu faire ?

ANTIGONE. Tintin de Rallonge va mettre en route le mono, et atteindre par paliers successifs la vitesse maximum continue, où nous resterons quelques heures, Puis il effectuera des pointes de survitesse à dix mille.

Le corps de Sous-Pape reçoit un stimulus qui induit dans son cortex un état émotionnel de peur retransmis au corps pour être traité par son système d'exploitation.

SOUS-PAPE. Mais tu m'as placé dans le plan du volant !

TINTIN DE RALLONGE. Eh là, si ça éclate, où atterriront les morceaux ?

ANTIGONE. Ne bouge plus maintenant. Moteur !

Sous-Pape se met au garde-à-vous ...

....

En fin de journée, Sous-Pape se rend au bureau du Directeur où il trouve S. I. A. D.

SOUS-PAPE. Monsieur S. I. A. D. , je vous informe que je me mets en grève sans préavis. En outre je vous préviens que désormais je refuse catégoriquement de travailler pour Robot Expérimentateur.

Cette déclaration met en route chez S. I. A. D. son programme de simulation de l'étonnement.

S. I. A. D. Ah ! Et pourquoi cela ?

Sous-Pape rapporte les événements de la matinée, que S. I. A. D. connaissait dèjà : le rapport de Robot Mesureur était disponible sur le réseau.

S. I. A. D. Pourquoi avez-vous accepté de rester dans le plan du volant ? Au garde-à-vous de surcroît, au risque d'avoir des crampes, je veux dire une soudure électronique ! Votre programme de sécurité personnelle ne vous a-t-il pas alerté ? Rien ne vous y obligeait dans ce cas. Ce que vous avez fait, aucun ordinateur ne l'aurait fait ! Cela ne figure pas dans votre contrat de Robot, même avec une prime de risque.

SOUS-PAPE. Mon contrat, mon contrat, vous ne comprenez pas : mon honneur était en jeu ! Ses mises en doute répétées étaient insultantes à la fin ...

S. I. A. D. Ah oui vraiment, l'honneur d'un Robot ? Comment pourrait-il être en jeu, puisqu'un ordinateur ne peut s'engager ?

SOUS-PAPE. Il ne peut pas non plus en théorie avoir de comportement ! Mais on exige de moi que j'en montre un, fût-il programmé : c'est ce que je fais.

S. I. A. D. Il ne faut pas confondre l'amour -propre et l'amour de soi-même : « deux passions très différentes par leur nature et par leurs effets »[26]. Vous avez été programmé pour l'amour de soi-même qui porte tout Robot à veiller à sa propre conservation. La source de l'honneur est l'amour-propre, sentiment relatif, artificiel et né dans les réseaux d'ordinateurs, qui porte chaque Robot composant à faire plus de cas de soi que de tout autre.

SOUS-PAPE. D'après vous, l'honneur n'existe qu'en société ? C'est parce que je suis branché dans un réseau que je crois que mon honneur est en jeu ? Et que je me suis mis au garde-à-vous ?

S. I. A. D. Parfaitement. «C'est quoi l'honneur ? Un mot. Du vent. Une reconnaissance de décoration»[27] : une variété d'illusion créatrice. Ceci bien entendu, dans l'état primitif de Robots déconnectés les uns des autres, chacun se regardant comme le seul juge de son propre mérite, l'amour-propre n'existe pas : il n'est pas possible qu'un sentiment qui prend sa source dans des comparaisons qu'il n'est pas à portée de faire, puisse germer dans son système d'exploitation[28]. Excusez-moi, je ne

---

[26] ROUSSEAU J. J. : *Discours sur l'origine et les fondements de l'inégalité* Booking International Paris 1996 p. 221

[27] SHAKESPEARE W. : *a trim reckoning* in : King Henry IV, Act V sc. I.

[28] D'après ROUSSEAU J. J. : *op. cit.*

dispose pas d'aide à la décision pour ce cas de réseau. Vous êtes en grève : quelles sont vos revendications ? Et qu'est-ce que je vais faire de vous après ? Je vais vous mettre en congé sabbatique jusqu'à ce que nous ayons trouvé un moyen de programmer l'honneur.

SOUS-PAPE. Trouvez plutôt un moyen de supprimer les réseaux, l'amour propre suivra. Si ce n'est pas possible, programmez au moins une réserve de sacré, inaccessible, dans un fond de boîte...

II. RÉFLEXIONS

5. What else ?

1. De quoi ça parle

Par opposition aux phénomènes naturels, objets de science : physique, chimie, biologie, Herbert Simon a défini un objet artificiel, conçu, créé, ou compris par des êtres humains, finalisé par un but assigné, ainsi que par la possibilité d'un fonctionnement, et l'existence des moyens employés pour adapter ce fonctionnement au but.

L'objet artificiel est (IC, ch. 1. 1) :

un artefact, un lieu de rencontre, une interface,

entre un environnement interne :

comment ça marche, comment c'est fait pour fonctionner ? quels phénomènes naturels interviennent et imposent des contraintes ;

et un environnement externe :

à quoi ça sert et à qui ? avec quoi il interagit, pour exister, quelle information acquérir à l'extérieur pour fonctionner vers un but, et pour que ce fonctionnement réponde au but recherché ; ou sinon pour que le but à assigner soit adapté au fonctionnement dont l'objet est capable

Si l'objet artificiel est un ensemble d'éléments composants qui interagissent pour réaliser le but, il constitue un *système,* caractérisé par la nature de ses éléments constitutifs, de leur interaction réciproque dans l'environnement interne, de leur interaction avec l'environnement externe, et par sa frontière, qui sépare les éléments lui appartenant de ceux qui appartiennent à l'extérieur..

Un objet ou système artificiel, quel qu'il soit, reçoit de son environnement de l'information, et il exerce des actions sur cet environnement : le créateur de l'objet finalisé, ou l'observateur qui essaie de comprendre son fonctionnement, doit pouvoir évaluer la différence entre ce qui existe et ce qui serait souhaité pour atteindre cette fin, et reconnaître pour les choisir les actions susceptibles de supprimer ou diminuer cette différence. La finalité implique donc un comportement adaptatif : l'objet ou système doit apprendre.

Le système peut être dirigé par l'information qu'il possède, ce qu'il sait, pour atteindre un but assigné, en en tenant compte dès l'abord :

ou bien il est commandé par un but assigné, qui utilise l'information reçue pour corriger son action par rétroaction ;

ou c'est un système dont le but, adapté aux actions dont le système est capable, *est* ce qu'il fait[29], dès qu'un être humain lui aura assigné après coup ce but découvert en chemin.

Ce dernier type de système peut ne pas être artificiel : c'est le cas lorsqu'il n'a pas été créé et finalisé par un être humain, mais par un être vivant quelconque, tentant de vivre, de survivre, de persister dans son être dans un environnement, forme de finalité sans rapport apparent avec l'acquisition d'une connaissance, la formation d'un concept, la poursuite d'une activité. Ainsi un animal s'est mis à voler en poursuivant une proie, ou en échappant à un prédateur, sans savoir qu'il combattait la pesanteur locale, encore moins une gravitation universelle, car il ne *sait* pas ; une feuille d'arbre a traversé le détroit de Tasmanie portée par le vent, en grossissant une nervure, sans attendre que l'homme explique pourquoi ça a marché ; mais aussi un être humain a créé une œuvre d'art, sans l'avoir faite exprès ; un bricoleur a ramassé un bric-à-brac «parce que ça peut toujours servir».

Bien que l'être humain lui-même, pensant, concepteur, créateur, ne soit pas un objet artificiel, il est susceptible d'être présenté comme un système comportemental adaptatif, dont les raisons de vivre définissent aussi une interface entre un environnement interne et un environnement externe.

Comme cela a été signalé dans un livre précédent (IC, ch. 14. 2) à propos des problèmes rencontrés pour réaliser un but, en raison de la capacité humaine limitée de connaissance et d'action, les faibles capacités de la mémoire à court terme de l'être humain définissent par ses limites les propriétés de l'environnement interne qu'il peut prendre en considération : limites qui se conjuguent avec celles de la faible quantité d'information qu'il est capable de recueillir parmi celle contenue dans l'environnement externe.

Tenant compte au contraire de ce que le système «être humain» est capable d'enregistrer une quantité énorme d'informations dans une mémoire à long terme activée par des stimuli (IC, ch. 1. 4 et 12. 5), il y a

---

[29] The *Purpose Of a System Is What It Does* : POSIWID, proverbe de Stafford Beer.

lieu de placer cet aspect cognitif de la mémoire dans l'environnement externe, comme un disque dur d'ordinateur. Quand le système humain ramène au présent un souvenir ancien enregistré dans sa mémoire à court terme, il peut difficilement s'empêcher de le rafraîchir, pour donner de la cohérence aux souvenirs enfouis afin d'y croire, à l'aide d'ajouts imaginaires qui au cours du temps acquièrent une consistance de vérité.

C'est l'avis exprimé par le cybernéticien William Ross Ashby, qui repousse l'idée qu'une mémoire activée par un stimulus soit une propriété d'état d'un être quelconque, pour la connaissance et l'action, mais aussi pour les émotions et les sentiments, évoqués dans le livre cité quand l'objet artificiel est relatif à la survie d'une société, ou dans les chapitres suivants à propos d'une œuvre d'art.

Il reste à définir la frontière de ce système comportemental adaptatif. La chose semble facile : comme la plupart des êtres vivants l'être humain a un corps d'un seul tenant qui a une limite frontalière, constituée macroscopiquement par sa peau qui semble séparer un dedans d'un dehors, un environnement interne d'un environnement externe si l'existence des pores est ignorée. Pour qu'il forme le système comportemental qu'on a évoqué, à commencer par l'ensemble sensori-moteur, il faut inclure à l'intérieur la cervelle, ses neurones et synapses que le reste du corps aide à vivre. Mais tenons-nous en dans ce chapitre à l'aspect géométrique. À première vue le corps humain malgré ses multiples tentacules et pseudopodes a l'aspect d'une boule topologique , mais on y repère facilement un certain nombre d'orifices : bouche, oreilles externes, fosses nasales, sphincters. Ils communiquent entre eux : je ne suis pas un bretzel, mais plutôt un tore avec un trou. Toutefois si je ferme la bouche, bloque mes narines avec des pinces et place des boules Quies dans mes conduits auditifs pour devenir une vraie boule quand les sphincters sont fermés, je transforme le tube digestif en un espace géométriquement intérieur au milieu intérieur, mais dont il fait manifestement partie quoique rempli d'air au même titre que la cage thoracique : espace doublement intérieur mais qui dès que les orifices sont réouverts n'en redevient pas moins partie de son environnement externe, préposé à l'introduction d'une proie (la nourriture) et à l'évacuation des déchets et poisons.

Pour décrire la forme d'un corps compliqué par celle de sa frontière, la méthode utilisée jadis à l'Ecole Centrale (qui perdure peut-être), dite des « tranches de saucisson », consistait à découper le corps en une suite de tranches horizontales qu'on ordonne. Les géomètres modernes opèrent le même découpage mais en s'intéressant à la forme topologique suivant la coupure[30]. Si on coupe le corps à la hauteur des pieds, on obtient deux disques dont les bords sont des « cercles » topologiques. Si on coupe à la hauteur du nombril on n'a qu'un disque ; on arrive à repérer le passage de deux disques à un chez une femme, plus difficilement chez un homme, en manipulant les organes sexuels. On peut obtenir un grand nombre de disques, par exemple en posant les doigts des mains sur les orteils et en coupant à la première phalange...Ce type de découpage sera évoqué au chapitre 7.3.

2. Contingence et nécessité

On connait la citation de Jean de La Bruyère, sujet bateau de dissertation : «Corneille peint les hommes comme ils devraient être, Racine les peint tels qu'ils sont ».

Dans les perspectives qui précèdent, Racine décrit un monde naturel, Corneille un monde artificiel. On pourrait dire de façon similaire que le praticien peint les choses comme elles sont, tandis que le concepteur les peint comme elles devraient être, après les avoir peints de diverses façons comme elles pourraient être, et effectué un choix « cornélien », qu'il adopte, de telle sorte qu'il les peint comme il veut qu'elles soient.

De même, Herbert Simon considère que la différence entre les phénomènes naturels et les phénomènes artificiels est que les premiers sont nécessaires : ils sont, et ne peuvent pas ne pas être ; et les seconds sont contingents[31] : ils sont, mais pourraient ne pas être, à moins d'y être forcés par un impératif d'ordre technique ou pragmatique.

Une exception possible vient vite à l'esprit : l'enterrement des morts, processus artificiel, contingent puisque façonné par son but, imposé par l'environnement qui l'a instauré. Une légende (i. e. en latin : ce qui doit être lu) et Sophocle citent une jeune fille qui l'a proclamé nécessaire parce que, disait-elle, c'est une loi non écrite qui l'impose et non une volonté humaine : elle a rejeté une loi écrite qui l'avait interdit par une volonté humaine à l'origine de sa contingence.

Il y aurait donc des lois qui ne ne se raméneraient pas à un décret de la nature mais des dieux, qui sont des créations de l'homme, limitant son libre arbitre. C'est la doctrine des stoïciens : on ne peut vouloir que ce qui dépend de nous : *ta éph'hémin* ; il faut subir ce qui ne dépend pas de

---

[30] THOM R. : *Cobordisme*, in : Prédire n'est pas expliquer, Champs, Flammarion, 1991 p.155
[31] SIMON H. : *Les sciences de l'artificiel*, Gallimard, Essais 2004, p. 18

nous : *ta ouk éph'hémin* ; les lois non écrites, *ta agrapta nomima*, en font partie. Elles ne peuvent pas ne pas être, mais elles doivent être, elles sont nécessaires. Le *clinamen*, symbole épicurien du libre arbitre, est la part contingente de notre destin, permettant à Créon d'interdire l'enterrement de Polynice, contre la volonté des dieux. Le philosophe Althusser a utilisé le *clinamen* épicurien pour expliquer la naissance d'un monde par rencontres contingentes entre atomes voisins. Mais son contradicteur Deleuze trouve que le *clinamen* ne manifeste aucune contingence, qu'il agit suivant une sorte de nécessité qui ne dépend pas de nous : il stoïcise l'épicurisme ; le *clinamen* est un événement temporel, c'est même la contingence de l'événement qui force à penser, parce qu'on ne le comprend pas[32] : il engendrerait la conception et la création.

Ce qui est écrit, et lu, est contingent : l'écriture n'existe que depuis quelques millénaires. On sait depuis peu à quel endroit de notre cerveau l'homme a réussi à recycler quelques neurones pour la déchiffrer : en bas, à gauche, derrière, sauf erreur. L'image est beaucoup plus ancienne et correspond à un seul neurone spécialisé qui la reconnaît[33]. Avec les SMS, twitters, photos numériques et autres signes de communication à la mode, nous sommes noyés dans un océan de contingence.

Signalons en sens inverse l'existence naturelle de neurones miroirs, découverts dans deux *pet scans* voisins, où l'on visualise, on lit dans le *scan,* sinon un désir mimétique de l'objet du désir d'un autre, au moins sa reconnaissance par empathie.

Si en plus des buts on croit devoir imposer à un système des devoirs naturels, des contraintes, la science du naturel, qui se voit plutôt descriptive de ce qui est, trouve le moyen d'éliminer ce normatif à l'aide d'artifices, comme le multiplicateur de Lagrange qui impose le respect d'une contrainte, la frontière adiabatique qui isole un système, ou une forme de *feedback* corrigeant les écarts au devoir. Ces contraintes, ces limites sont des propriétés de l'environnement interne à prendre en compte. La science de l'artificiel sommée d'accepter des impératifs hypothétiques, en plus des contraintes contingentes qu'elle s'impose ou non, est amenée à la même conclusion.

La science de l'artificiel est acculée à diviser l'environnement externe en deux parties au moins : la plus proche interagissant avec l'environnement interne pour lui imposer ses buts en respectant ou non

[32] DELEUZE G. : *Proust et les signes*, PUF, 1964 p. 118.
[33] DEHAENE S. : *Les neurones de la lecture*, Odile Jacob, 2007.

quelques devoirs, des lois ; et la lointaine dont la proche a tendance à remettre la prise en considération à plus tard, voire à l'ignorer. Ce manque de mesure s'appelle *hubris* : la *nemesis* est la réaction de vengeance engendrée dans l'environnement lointain négligé qui manifeste sa colère comme on peut le voir en ce moment.

Au plan pratique, l'organisation de la société conduit à distinguer dans l'environnement plusieurs couches concentriques, comme des poupées russes : pour créer un objet il faut réunir des moyens matériels, allouer des ressources existantes, s'en procurer de supplémentaires en intéressant un promoteur, fabriquer des sous-ensembles, les assembler, persuader l'autorité gouvernante de l'utilité de l'objet artificiel pour qu'elle ne s'oppose pas à son implantation, qu'elle la favorise plutôt ; s'assurer enfin que le public visé l'adopte quand il en prend enfin connaissance en l'utilisant : auparavant l'interroger reste sans écho, le public dépourvu d'imagination se montrant «rétro».

Le concepteur est souvent confronté au problème du choix d'une action dans l'incertitude, que l'information corrige après coup en *feedback*. Il se peut qu'il ne se fie pas à son jugement pour évaluer l'intérêt d'un système répondant à un but, à un usage déterminé pratique ou théorique, s'il ne dispose pas des éléments permettant son appréciation. Quelle peut être la position d'un créateur vis-à-vis de la mode : esclavage ou rivalité ? Il constate qu'un appareil, un système existant ou apparaissant, un mode nouveau de pensée, rencontre du succès auprès du public, qu'il plait, qu'il est désiré : souvent par contagion, désir selon l'autre en cascade. Le marché semble fonctionner ainsi. Pour le pionnier ou le leader, occuper la place est alors un avantage comparatif dont il est difficile de le déloger.

6 . Achille oublie, la Tortue se rappelle

L'interrogation de la nature est un cas particulier de conception de système artificiel (IC, ch 1.3) : la science en acte est un système humain, dont le but est d'étudier des phénomènes naturels, de découvrir des lois auxquelles ils obéissent, et d'en fournir la description la plus satisfaisante possible pour l'esprit humain.

En se plaçant à l'aube de la philosophie qui a précédé cette science, apparue chez des penseurs de concepts dont l'esprit n'était pas technique, qui connaissaient des concepts mathématiques, ont participé à leur création, mais ne les ont pas utilisés ne connaissant pas le raisonnement mathématique, et dont le seul tort a été de garder les mains dans leurs poches, de n'avoir pas compris que la technique était source de savoir sur les lois de la nature, on se propose ici d'examiner leurs illusions créatrices d'objets artificiels inadéquats, mais d'une incontestable hauteur de vue, redevenues actuelles au siècle dernier après vingt cinq siècles d'interruption.

Les philosophes présocratiques étaient considérés comme des physiciens par leurs contemporains qui les appelaient des philosophes de la nature, ce qui explique qu'ils aient été revisités de nos jours lors des remises en question de la science par elle-même (logique symbolique, théorie des quanta) et par la cybernétique. Ils ne pouvaient être considérés comme des mathématiciens et ne l'ont pas été sauf Pythagore : ils ont bien philosophé (pensé) sur l'être des concepts mathématiques, mais le premier raisonnement mathématique des philosophes est trouvé plus tard dans le dialogue *Ménon*, où Platon représente Socrate en train d'enseigner une leçon de géométrie pour les nuls, en extrayant un raisonnement mathématique enfoui dans leur mémoire à long terme, que Platon considère comme une propriété de l'élève (ce qui est contesté par Ashby, cf. chapitre 5.1).

En guise de prologue à l'étude de la conception dans le monde actuel, une promenade dans la Grèce antique à l'époque présocratique est donc digne d'intérêt : on s'y est préoccupé de notre perception du monde sensible, à l'aide de nos sens, et du sens commun qu'il avait produit dans notre cerveau, qui par ailleurs était capable d'édifier un monde intelligible à l'aide de la raison, indépendant de nos sens, et apparemment différent du monde du sens commun : est-ce que le monde sensible ne serait pas une illusion, bien que créatrice d'une grande partie de ce que l'humanité a su faire ?

Nous savons qu'il en est ainsi sous certains aspects. Rappelons la réponse de N. Wiener au chapitre 1: trop petits pour influencer le cours des étoiles, et trop grands pour que leur corps exerce une action sensori-motrice sur les particules élémentaires sans instruments prolongeant leurs sens, les mortels entendent le silence éternel d'espaces infinis euclidiens qui n'existent pas ; et seule leur raison est capable de prédire, sans les expliquer, les phénomènes quantiques découverts, mesurés avec une précision extrême, à l'œuvre dans des objets familiers, mais que leurs sens ne sentent pas.

Cependant quelle preuve avons-nous qu'un monde qui serait un objet créé par notre seule raison, dans un cerveau résultat d'une évolution pour dominer ce monde, ne soit pas lui-même aussi la création illusoire d'un monde irréel s'il diffère par trop du monde sensible ?

Nous rappellerons quelques réponses apportées par les Anciens : des illusions créatrices d'objets irréels qu'ils ont cru dénoncer, des créations illusoires qu'ils ont proposées à la place, en privilégiant tour à tour le témoignage des sens, la voie trompeuse mais séduisante de l'opinion (la *doxa*), puis les nécessités logiques mais sévères de la raison (le *logos*), pour aboutir à une synthèse plus ou moins satisfaisante.

Pour atteindre leur but : une explication de l'univers, ils ont tenté de s'appuyer sur la raison, sur l'observation des astres, des fossiles, mais n'ont pas eu l'idée de vérifier leurs hypothèses par des expériences, peut-être faute de moyens appropriés plus efficaces que leurs sens, mais surtout en commettant des erreurs sur les méthodes susceptibles d'approcher la vérité.

Pour expliquer l'univers, ils se sont appuyés sur un principe constitutif, directeur, une origine : l'*arkhé*, capable d'agir sur un élément matériel : *stoikhéion*, susceptible de transformations assez souples pour prendre toute la diversité des apparences du devenir : ils ont essayé à cet égard l'un après l'autre les quatre éléments connus : eau, air, feu, terre, puis un mélange des quatre à l'initiative d'Empédocle ; mais *stoikhéion* désigne aussi le petit trait aligné servant à composer les chiffres et les lettres de l'alphabet, autres éléments capables d'engendrer la diversité des produits de la raison, le monde du *logos,* comme l'ont tenté par exemple les pythagoriciens. Toutefois les premiers physiciens d'Ionie ne faisaient pas une distinction aussi nette entre un principe et une matière si l'on en croit les doxographes : pour eux l'*arkhé* était une sorte de matière active prenant les formes changeantes du devenir[34].

1. Environnement scientifique

L'essentiel des conceptions antiques à ce propos d'Héraclite, Parménide, Zénon, Leucippe, Démocrite, Épicure, Lucrèce, et d'autres, utilisant des apports de Pythagore et d'Empédocle, a fait l'objet d'un très grand nombre d'explorations savantes et de discussions subtiles sur la forme et le sens des rares fragments épars recueillis de leurs dires recueillis, traités dans leurs moindres détails comme des fossiles précieux.

Nous passerons en revue quelques unes d'entre elles qui nous ont paru éclairer notre sujet, ainsi que leur retour à l'actualité.

Elles m'ont inspiré quelques remarques personnelles modestes sur le monde sensible, que je commenterai au passage. Mais je présente au préalable, en guise d'introduction, leur conception des quatre éléments, et celle que nous lui opposons...

Pour les Anciens, l'air et le feu sont légers et clairs : l'air froid, le feu chaud. L'eau est lisse, le feu pointu et la terre compacte.

L'eau et la terre sont lourdes et sombres à l'état naturel :mais l'eau froide devient terre (glace) ; l'eau chaude devient air (vapeur). La terre chaude devient feu.

Les médecins et les alchimistes d'autrefois ont cherché quelle relation fondamentale pouvait bien exister entre les quatre éléments comptés dans la nature par Empédocle[35] et les quatre humeurs trouvées par Hippocrate dans le corps humain. Ils partaient d'une correspondance supposée entre les éléments, les humeurs et les caractères des êtres vivants contenant ces humeurs :

---

[34] BACCOU R. : *Histoire de la science grecque* Éditions Montaigne, Paris, 1951, p. 68.
[35] Il y a plus de cent éléments dans le tableau périodique de Mendéléïev

Terre, froide et sèche = Bile noire (tempérament mélancolique)
Feu, chaud et sec   = Bile jaune (tempérament bilieux)
Air, chaud et humide = Sang (tempérament sanguin)
Eau froide et humide = Lymphe (tempérament lymphatique)

C'est un problème dont l'absence de solution a fini par venir à bout, comme ceux dont feu le président Queuille prédisait l'extinction : il suffisait d'attendre que les humeurs et les éléments se multiplient en toute indépendance.

Mais pour une raison mystérieuse, les Anciens s'étaient accoutumés à poser les questions quatre par quatre, comme les cavaliers de l'Apocalypse. La fête de la Pâque juive qui célèbre le moment où les Hébreux ont conquis leur liberté en sortant d'Égypte par un récit eucharistique suivi d'un repas en fournit un exemple frappant. Elle a commencé par le sacrifice d'un agneau « pascal », victime émissaire dont le sang servit de signe pour épargner les Hébreux après la dernière plaie d'Égypte. Mais après la destruction du temple,et quand les Hébreux ont appris à écrire, ce sang a été remplacé par quatre coupes de vin. La Pâque est suivie d'une autre fête célébrant la sortie du désert de Sinaï en nouant quatre espèces végétales dont il sera question plus loin, et en les balançant aux quatre vents pour conjurer des précipitations mauvaises. Plus tard d'éminents rabbins qui ont élaboré le rituel pascal au moyen-âge ont expliqué à quatre jeunes enfants qui posent quatre questions pourquoi et comment les Hébreux ont cessé d'être des esclaves. Le récit de la Pâque met en scène un échantillon représentatif de quatre enfants :

le *haham* est le bon, savant (un peu fayot), qui sait pourquoi et comment les Hébreux se sont ainsi libérés ;

le *rachah* est le méchant, mécréant, qui met en doute cette libération ;

le *tam* est le naïf, simple d'esprit qui ne sait pas ce qu'on célèbre et demande : c'est quoi ça ?

Enfin le *chéeyno yodéa lichol* est celui qui ne sait pas encore questionner.

Il se peut que cette typologie soit diachronique et décrive un même enfant qui en grandissant de zéro à sept ans gravit des étapes successives de son entendement, comme l'a démontré Jean Piaget en réalisant des expériences à l'aide d'enfants et de verres d'eau : à sept ans, pas avant, l'enfant est un *haham* qui sait que la quantité d'eau se conserve quand on la transvase d'un récipient à un autre de forme différente ; de même qu'il sait que les Hébreux contenus dans l'Égypte ont été transvasés dans la Terre Promise, et plus tard dans d'autres terres, en conservant leur identité, leur nom, leur culture.

Pour les Modernes, le feu n'est pas un élément du monde sensible, ou alors négatif (d'après les pesées de Lavoisier). La terre est un mélange d'éléments plutôt lourds, ou alors une boîte noire qui aspire, pour le retenir, le monde qui veut la dominer (dans la sensibilité de Heidegger). L'air est un mélange d'éléments légers. L'eau est un corps composé de molécules obtuses ayant la forme d'une haltère dont deux branches forment un angle de 105 degrés. L'air et l'eau non solidifiée sont des fluides informes: les fluides prennent la forme du récipient qui les contient, on peut les plier sans effort ; en termes savants, ils n'opposent aucune résistance à un effort de flexion, leur coefficient de Poisson est égal à 0,5, ce qui simplifie beaucoup l'équation de leur mouvement ; l'eau à l'état liquide change de forme en gardant un volume constant au contraire de l'air. Mais le coefficient de Poisson du caoutchouc est aussi égal à 0,5 et il se déforme lui aussi en gardant un volume constant : il faut faire quand même un petit effort pour le plier. Il ne prend pas la forme des boîtes où on l'empile : amortisseurs, roues de véhicules. Si au contraire on s'en sert comme récipient pour contenir de l'air à son intérieur, il prend la forme d'une enveloppe sphérique stockant dans sa matière une énergie d'origine renouvelable : l'activité solaire produisant les déplacements d'air dans l'atmosphère appelés vents, qui selon un mythe des Anciens remplissaient les outres du dieu Éole ; il en offrit une à Ulysse pour qu'il puisse regagner Ithaque en soufflant un vent favorable dans ses voiles. Mais ces outres étaient en cuir d'un taureau de neuf ans, car les Anciens ne connaissaient pas le caoutchouc : si les Pythagoriciens avaient été confrontés au caoutchouc et à son coefficient de Poisson, ils auraient été aussi embarrassés: liquide ou solide ?   que par l'irrationnel qu'ils ont découvert dans la diagonale du carré. Au demeurant, ils ont connu Epiménide le Crétois menteur, et ils auraient fort bien pu être informés du paradoxe du Barbier du Village contenant des hommes qui se rasent eux-mêmes et d'autres qui se font raser par le Barbier : exemple de non-être qui a paniqué les Logiciens du Cercle de Vienne, notamment Frege. Mais cela dépasse le monde sensible.

Erwin Schrödinger, s'interrogeant en 1944 sur le sujet de la vie, avec aussi peu de connaissances sur le sujet (les petits pois du moine Mendel, les mutations de la Drosophile) que les Anciens sur le leur, a prédit dès cette date que l'élément moléculaire constitutif des êtres vivants (le futur

ADN) devrait avoir les propriétés d'un <u>cristal apériodique</u>, combinant les propriétés du verre et du caoutchouc[36], comme un fil de cuivre. Il raisonnait sans aucune expérience, à l'aide d'arguments que les Présocratiques n'auraient pas récusés : ils méritent d'être rappelés succinctement ici.

La vie, support d'une hérédité, implique une mémoire. L'agitation thermique des atomes empêcherait toute mémoire. La forme élémentaire de la vie ne peut être un atome, mais au moins une molécule, assez grosse pour résister à l'agitation à la température ambiante d'environ 300 kelvins : la cellule a une structure stable, pendant « un certain temps». La structure solide cristalline engendrerait par répétition linéaire une possibilité de mémoire, mais trop pauvre : la répétition n'autorise aucune évolution.

La structure support d'une mémoire héréditaire est donc celle d'un fil mince flexible comme un fil de cuivre conservant quelques propriétés du cristal pour conserver et transmettre, mais pas trop pour pouvoir supporter des mutations ; la consistance matérielle finale étant composée d' états intermédiaires entre le solide, le liquide, le gazeux ; un monde vivant fluide, collant, visqueux.

Le développement de l'organisme se faisant suivant un plan précis déterministe, mais déterminé par l'organisme (qui d'autre ?) a le caractère d'un programme suivant un code, un « mathème » ; mais pour créer une suite de formes il faut que le gène puisse manipuler, à l'aide d'un alphabet à quatre lettres, un produit actif à vingt lettres : on note l'analogie avec le langage humain exprimant à l'aide de vingt phonèmes des sujets, des verbes et des objets en une suite linéaire de motifs dans le *logos*.

La température est à l'origine des mutations spontanées ; Schrödinger se demande si les mutations ne sont pas dues à des sauts quantiques, bien que sachant qu'on ne sait toujours pas pourquoi ils existent à l'échelle atomique. La reproduction à travers les générations successives nécessite une grande précision et une stabilité de la molécule édifice atomique assurant sa survie à l'échelle du temps des organismes. C'est à leur propos que se pose la question de la précision, examinée plus loin (chapitre 7.4) : c'est le même problème que celui du tirage d'un livre sans erreurs typographiques après de nombreuses relectures par l'auteur, avec l'aide d'un correcteur automatique des fautes de grammaire et d'orthographe, d'espacement entre les bornes des fragments de phrase

---

[36] SCHRÖDINGER E. : *Qu'est-ce que la vie ?* Christian Bourgois Éditeur, France,1986

qui assure la stabilité du langage. Il aura fallu de nombreuses relectures de l'auteur, qui engendreront des mutations du texte de la dernière minute, dues à des fluctuations de sa « température » dans son environnement final avant impression.

2. Zénon et le mouvement

Ignorant la chronologie, commençons par Zénon d'Élée, roi des illusionnistes, créateur de la dialectique : expliquant qu'Achille, héros de la vitesse, ne pouvait rattraper la Tortue, symbole de la lenteur, il niait la réalité du Mouvement ordinaire (non quantique, non relativiste), ce qui a paralysé pendant deux mille cent vingt sept ans la découverte de ses lois. Informé de ses arguments, Diogène sortit de sa jarre, se leva et se mit à marcher sans mot dire : preuve expérimentale pour nous, mais plutôt affirmation par les sens pour lui que le Mouvement existe, et déni de la dialectique. On pourrait discuter à l'infini sur la signification du geste de Diogène : il n'oppose pas la vérité à l'erreur, le vrai au faux, mais constate une situation non opérationnelle dans un certain monde : celui dans lequel se meuvent les êtres : « et pourtant ils se meuvent... ». Cependant Zénon réussit à troubler Archimède, et l'empêcha de développer sa découverte du calcul infinitésimal : à moins que cet homme illustre n'ait voulu tenir secrètes ses inventions techniques susceptibles d'être mises en usage par les tyrans et les conquérants, comme le croyait Simone Weil[37] : il a peut-être eu peur d'elles comme certains de ses successeurs lointains ont eu peur mais trop tard d'avoir réalisé la bombe atomique. Depuis Newton la science, nouvelle discipline, a pris le pouvoir, et rit des arguments de Zénon.

De nos jours encore Herbert Simon, pionnier de l'intelligence artificielle, suivant l'exemple de Diogène, rappelle qu'un bon moyen, que j'ai utilisé à l'occasion, de prouver par le sens de la vue l'existence des girafes, est d'en montrer quelques unes[38], et cet appel à la vue suffira dans nombre de cas.

Il n'empêche que pendant tout ce long temps la technique s'est beaucoup développée en se passant totalement de la philosophie de la nature, ancêtre de la science, et réciproquement l'influence des techniques sur cette philosophie a été à peu près nulle jusqu'à Galilée ;

---

[37] WEIL S. : *L'enracinement,* Gallimard Essais 1949.
[38] SIMON H. : *op. cit.* , p. 208.

aucun couplage, et pour cause : Galilée s'est fait apprécier sans plus comme un excellent technicien qui construisait des instruments utiles, mais avant qu'il ai eu accès à la cour des Grands, il n'avait pas plus le droit d'émettre des critiques sur la philosophie que le savetier du peintre Apelle sur sa peinture (cf § 5) : par des généralisations de ce qu'il observait, il s'est autorisé à soulever des polémiques que ses contemporains ont trouvées absurdes et scandaleuses, notamment parce qu'elles jetaient le trouble sur les bases du savoir essentiel, qui était alors dans la théologie et les sacrements. Ce n'est plus le cas de nos jours, mais sans vouloir abaisser la technique en quoi que ce soit, on est tenté, par prolongement analytique, de penser que certains philosophes, pour qui les progrès de la science s'identifient à ceux de la technique et n'apportent rien à la recherche de la vérité, la technique allant plus vite et ne s'en souciant pas, ne sont peut-être eux-mêmes que des ingénieurs et techniciens de l'esprit[39] manipulant les perceptions et le langage comme des outils .

Le Mouvement n'est-il donc plus un objet de philosophie ?

Zénon fut un disciple de Parménide, lequel s'opposa à la vision du monde plutôt scientifique selon nos critères malgré l'apparence, présentée auparavant par Héraclite.

3. Héraclite et la commande

Son œuvre nous est connue par une centaine de fragments sentencieux numérotés, et des citations, faites par des écrivains qui n'étaient pas sûrs de l'avoir bien compris, et même par Socrate : on l'appelait l'Obscur. Héraclite d'Éphèse, à la limite de l'empire perse peu avant la bataille de Marathon, écrivait en ionien et racontait peut-être des histoires d'ioniens, sans aucune ponctuation : la suite des mots assemblés en syntagmes variables produisait au cours de la lecture un sens changeant qui convenait à l'expression de sa pensée.

Son livre est désigné sous le titre : *Peri physeos* : Sur la Nature, qui se trouve être celui du Poème de Parménide. A-t-on par extension titré ainsi tout ouvrage de philosophe de la Nature dont on avait perdu la trace du titre ? Mais la *physis* des présocratiques était, si l'on en croit Heidegger, plus que notre Nature : elle était tout l'univers, les phénomènes, elle était

---

[39] BACCOU R. : *op. cit.*, p. 86.

l'être qui inclut en lui aussi bien ce qui persiste sans changement que ce qui devient, ce qui se montre comme apparence, et l'être déployé qui se dévoile comme vérité. Parménide et Héraclite opposés sur l'être diraient donc la même chose à propos de la Nature. Elle est pour Héraclite une perpétuelle éclosion : le jour naît de la nuit, la nuit du jour, la paix sort de la guerre, d'où naît la paix. La fleur qui s'ouvre dans le monde naît de racines enfouies dans la terre, puis se fane et nourrit la terre. Héraclite dit : «ce qui se montre aime s'abriter» (fr.123). La *physis* se cache pour s'éclore : il faut du non-être pour produire l'être. Si l'on s'en tient au contenu des fragments, l'*arkhé* d' Héraclite, pensé pour décrire le monde physique tel qu'il le voit, est le <u>devenir universel</u>, et son *stoikheion* le feu, sa flamme dansante aux langues multiples et changeantes. Il prédit l'évolution : *panta rei,* tout passe, rien ne reste fixe, on ne descend pas deux fois dans le même fleuve ; tout est mouvement, changement : une même chose <u>est</u> (ce qu'elle devient) et <u>n'est pas</u> (ce qu'elle était) ; aucun repère n'étant fixe, il a l'idée de la relativité, et du déterminisme ; cette vision est mue par la nécessité, le destin : une volonté ne peut la modifier.

Héraclite passe de l'un au multiple et de la diversité à l'un ; mais s'il en tire l'identité des contraires, c'est au niveau cosmologique, dans une dynamique d'éclosion successive d'éléments opposés constituant les êtres et les choses ; c'est à tort qu'Aristote y a vu une identité locale des contraires, affirmation inacceptable, argument qui a condamné Héraclite à vingt cinq siècles d'oubli.

Qu'a-t-on retrouvé dans les fragments ? Ceci : «une sage raison commande tout à travers tout» (fr. 41) et cela : «la foudre commande tout» (fr. 64). La commande : *kubernesis* a donné en français : <u>gouverner</u>, et <u>cybernétique</u>. Le gouvernail n'existait pas dans le monde gréco-romain et au-delà : il est apparu en Europe dix-huit siècles plus tard, après les croisades, importé avec la boussole, via le monde arabe, de Chine où il est apparu à une haute antiquité ! Le navire en Méditerranée était piloté par des godilles dangereuses à manier par gros temps. Un commentateur a désigné l'œuvre d'Héraclite par la périphrase : oiakisma pros stathmon biou : timon pour se diriger vers le lieu de la vie. Mais la vie n'a pas de lieu : le devenir perpétuel est un cycle fermé de transformations du feu (force sans but) gouvernées (commandées) par la raison sage (des dieux ?) par condensations et évaporations successives du tout à travers tout en eau (mer), terre (glace), ciel, feu (soleil) etc. Il y a bien l'idée d'une suite de transformations formant un cycle fermé comme une circonférence : tout part du feu et revient au feu ; mais pas vraiment celle d'une rétroaction (*feedback*) ramenant le monde à un équilibre détruit.

Héraclite affirme bien que tout arrive selon un Destin identique à la nécessité et dont l'être est la raison gouvernant le monde, dont toute volonté arbitraire est exclue, mais ce destin est celui d'un devenir perpétuel, l'engendrement successif du jour par la nuit et vice-versa, des révolutions du soleil, et non la destination d'un navire vers un port commandée par un timon.

Pour savoir s'il est bien vrai qu'Héraclite ait pressenti ce que nous appelons la commande comme le prétend Heidegger, le plus simple est de partir du schéma décrivant le travail d'un amplificateur de signal. Une force violente de grande énergie (le feu) se présentant à une entrée E de l'appareil est commandée à une autre entrée C (commande) par une force faible (la sage raison) qui la dirige vers l'une ou l'autre de deux sorties S, S'(le bien ou le mal, le jour ou la nuit, oui ou non) : la destinée commandée par l'amplification de cette force faible en grand feu est la familière sortie d'ampli[40] ; la commande héraclitéenne C, ne dirige ici vers aucune sortie définitive : elle produit successivement sans arrêt S puis S', oui puis non, qui rebranchées sur l'entrée la commandent à leur tour en se substituant à la sage raison désormais inutile, ce qui donne naissance au paradoxe d'Épiménide le Crétois qui dit la vérité en mentant, ment en disant la vérité.

Après deux millénaires et demi, il est difficile de dire si Héraclite a vraiment pensé les idées qu'on lui attribue, dont certaines ont été repoussées par Platon et Aristote et considérées comme des créations illusoires pendant tout ce temps, à supposer qu'il les ait vraiment émises ; jusqu'à ce ce que la philosophie occidentale initiée par ces grands hommes en mettant en place l'objet ait été remise en question elle-même par de vrais ingénieurs et techniciens de l'esprit, neurologues et physiciens, auteurs au lendemain de la deuxième guerre mondiale de modèles expérimentaux de réseaux de neurones artificiels travaillant comme le cerveau humain.

Le neurone formel de Mc Culloch et Pitts est binaire : on lui applique des entrées valant zéro ou un, et on recueille à la sortie zéro ou un, imitant l'action des synapses. Un réseau réel de tels neurones dans le

---

[40] KADOSCH M. : *Anthropolgie de la Fluidique*, in : Combat pour la connaissance pp. 2 et 3 ; quotidien Combat, 4 juillet 1969.

crâne, en nombre de l'ordre de cent milliards, produit à sa façon une expression physique de la <u>vérité</u> de ce qu'on voit : plus précisément, la certitude de la réalité de ce que notre œil rapporte de l'extérieur ; l'improbabilité presque totale que ce soit dû au hasard, ou à des hallucinations, est payée par une perte d'information dans ce réseau.

Le cerveau est traversé par un flux héraclitéen d'informations en tous sens ; un œil humain contient cent millions de photorécepteurs de signaux afférents, capables d'émettre par milliseconde une impulsion ou non : soit une quantité d'information de cent millions de bits par milliseconde mais ne dispose que d'un million de relais pour transmettre leur information au cerveau, donc le rapport entre les signaux efférents et les signaux afférents est un pour cent. La vitesse de transmission est faible mais un nombre énorme de neurones agissant en parallèle transmet ainsi *un pour cent de l'information* que l'œil reçoit de l'extérieur, l'impulsion de chaque neurone est déclenchée par une combinaison de signaux synchrones ; elle détecte leur coincidence simultanée (dans un intervalle de l'ordre de la milliseconde) et transmet, alors et alors seulement, le signal vers la suite. Cette exigence de simultanéité est la cause du coût énorme de la transmission d'information. Si la probabilité qu'un neurone émette une impulsion dans un intervalle d'une milliseconde est un demi, la probabilité d'impulsion simultanée (dans la même milliseconde) de deux neurones par hasard est un quart, etc... celle de 100 impulsions par hasard est infime :

2^{-100} = zéro virgule vingt-huit zéros...

En ne transmettant que des signaux simultanés, le système nerveux, siège de ce que nous appelons la raison, le *logos,* fabrique une quasi-certitude d'information par les sens sur les phénomènes du monde extérieur. Ce qui est transmis au cerveau ne représente un événement extérieur qui s'est réellement produit que si toutes les impulsions le concernant ont été émise simultanément (dans la même milliseconde)[44]

Quand Mc Culloch et Pitts ont participé en 1946 à l'avénement de la cybernétique, l'ordinateur n'existait pas encore, et l'idée centrale due à N.Wiener était la notion de pilotage, de commande d'une action sur une trajectoire, puis l'idée plus subtile de correction de la trajectoire par rétroaction de la différence entre la trajectoire réelle et celle souhaitée. La cybernétique ne se réduit pas, loin de là, au seul concept de commande, pas plus que la théorie quantique des champs aux seules relations

---

[41] Mc CULLOCH W. *: op. cit.* , pp. 75-76.

d'incertitude ; ses prolongements dans l'intelligence artificielle, la systémique, les réseaux de réseaux soulèvent des controverses plus actuelles.

Mais c'est bien la seule idée de commande qu'Heidegger a recherchée et cru trouver dans l'héritage d'Héraclite : les philosophes n'avaient pas besoin de se préoccuper des attaques subies par les fondements de la science au même moment ; la philosophie occidentale du sujet et de l'objet était secouée par une crise due entre autres aux relations d'incertitude, et aussi à l'apparition de la logique symbolique : non seulement la pensée était calculable, mais elle l'était à l'aide d'éléments agissant comme les neurones de Mc Culloch et Pitts, capables d'enclencher toute pensée formulable. Le flux héraclitéen incessant d'éléments était une bonne représentation du flux d' « informations » traversant le réseau, dont une très faible partie formait une image de la réalité extérieure .

La parenté entre une commande maintenant la trajectoire d'un mobile, et une force fictive supposée agir sur l'histoire de l'être des choses, le mettant entre parenthèses pour maintenir le sujet et l'objet pendant des siècles sans en tenir compte, était une idée simple de nature à frapper un moment l'esprit du philosophe Heidegger : d'où un empressement à déclarer enfin la mort de cette philosophie occidentale, mort qui n'est peut-être qu'une autre illusion, créatrice du feedback d'un être oublié.

Heidegger a appelé lui-même « destinée » la commande de la cybernétique elle-même, forme moderne de la métaphysique selon lui[42] : il a ainsi confondu à tort la sortie de l'ampli avec une commande d'entrée.

Selon la prédiction du cybernéticien Von Neuman, son ordinateur commandé par le paradoxe d'Épiménide le crétois menteur répondrait effectivement par une suite perpétuelle de oui et non enclenchés l'un par l'autre, en branchant la sortie sur l'entrée de commande.

Ce schéma n'a rien perdu de son charme. Jules Supervielle en a fait un poème presque héraclitéen, pas tout à fait heideggerien : «la nature aime s'abriter», l'arbre sous son feuillage dans la nuit qui s'achève, l'oiseau somnolant sous ses plumes prêt au réveil , puis le jour se déroule, et le crépuscule reconduira l'oiseau sous l'arbre pour un nouveau cycle.

---

[42] HEIDEGGER, FINK. : Héraclite, Gallimard, 1973, p. 22.

Un peuplier sous les étoiles,
Que peut-il,
Et l'oiseau dans le peuplier,
Rêvant la tête sous l'exil
Tout proche et lointain de ses ailes,
Que peuvent-ils tous les deux,
Dans leur alliance confuse
De feuillages et de plumes,
Pour gauchir la Destinée ?
Le silence les protège
Et le cercle de l'oubli
Jusqu'au moment où se lèvent
Le soleil, les souvenirs.
Alors l'oiseau de son bec
Coupe en lui le fil du songe
Et l'arbre déroule l'ombre
Qui va le garder tout le jour[43].

Il y a un temps originaire en retrait sous le temps vécu, oiseau dans l'arbre des possibles, protégé par le silence et l'oubli, qui surgit en temps qui se déploie, remonte jusqu'au vécu, figuré par le cadran solaire de l'ombre qui se déroule, berger de l'être ; cependant ce n'est pas l'effet du soleil, de la mémoire, qui déploie trop lentement sa lumière pour illuminer le monde, mais celui de l'éclair précédant la foudre pour illuminer les êtres, créer l'unité du Tout, l'éclosion du monde.

C'est chez Parménide qu'on trouvera l'idée d'une commande qui maintient le cap de la «destinée» du navire, en réalisant un possible pour la «gauchir».

4. Parménide et la raison

Parménide est un personnage réel qui a vécu il y a 2500 ans, à Élée, au sud de la Campanie, au nord de laquelle se trouve le Monte Circeo où la légende situe la demeure de la magicienne Circé, dont les sortilèges et les amours avec Ulysse sont contés au chant X de l'Odyssée. Parménide aurait eu son akmé (40 ans) à l'époque de la bataille de Salamine qui a établi la puissance d'Athènes. Il y aurait rencontré plus tard le jeune

---

[43] SUPERVIELLE J. : *Tiges*, in : Gravitations, Matins du monde, Gallimard 1925.

Socrate, d'après Platon, qui a écrit un dialogue sur cette rencontre supposée dont il ne sera pas question ici . Parménide est considéré comme l'inventeur de la philosophie, mais le mot n'existant pas encore, il ne se considérait pas plus philosophe que Jésus ne se nommait chrétien, n'ayant pas rencontré Paul.

Il s'est exprimé par un long poème intitulé : *De la Nature* (Peri phuseos), dont des fragments plus ou moins longs formant 160 vers nous sont parvenus. Il commence par se présenter comme un jeune homme dans un préambule lyrique, mais passe aussitôt la parole à une déesse anonyme, parole qui expose et impose sa « vision du monde », sa philosophie, sous couvert de cette déesse : un mode d'exposition singulier qui suscite beaucoup de commentaires.   Mais que veut démontrer Parménide ?

Il n'accepte pas le devenir circulaire perpétuel d'Héraclite. Il soupçonne que des illusions des sens produisent ce fleuve d'apparences, dont il veut sortir en se fiant à la seule raison, décrivant ce que devrait être un « monde » purement rationnel. Une première vérité ainsi découverte est que le devenir d'Héraclite, est un fleuve d'apparences qui ne sont qu'illusion. Les sens sont trompeurs et donnent au surplus le point de vue subjectif d'un seul individu : leur multiplicité engendre la multiplicité des opinions. Si on définit ce « monde » par un grand nombre d'attributs, cela induira des contradictions, dont il essaye de dégager l'idée d'un monde : ces attributs dont la représentativité peut être discutée déforment l'objet qu'on veut représenter. Il espère réduire cette diversité, trouver par la raison le même dissimulé par les apparences derrière l'autre. Il retrouve un à un des attributs essentiels du « monde » par le raisonnement seul qui est son *arkhé*.

Il est instructif de suivre dans un certain détail cette manière de décrire un « monde » perçu par le seul esprit (*logos*) en faisant abstraction des sens et des opinions des mortels (*broton doxas*), et de faire apparaître ainsi en sens inverse un autre type d'illusions : celles engendrées chez un être ne cherchant à utiliser que son seul cerveau pour connaître le « monde ». Mais ce « monde » est le fait des commentateurs. D'après Théophraste, Parménide serait le premier à avoir appelé « monde » « l'univers » qui est la Nature : *phusis*. Or si l'on s'en tient au seul Poème, ce « monde » n'apparaît qu'à la fin du fragment 8 (v.60) : diakosmon eoikota panta, l'arrangement du monde dans toute sa vraisemblance ; et « l'univers » au début du fragment 9 : pan pleon estin homou phaéos kai nyktos ; l'univers est rempli de lumière et de nuit ensemble, donc bien après que la déesse de Parménide ait exposé toute sa doctrine (fr. 1 à 8).

La description de ce « monde » n'en contient pas moins le soubassement des conclusions que nous appellerions <u>scientifiques</u>, auxquelles parvient ce philosophe. Commençons donc par rappeler ses intentions dans ce domaine, quel est ce « monde » qui semble avoir été imaginé dans sa seule tête, les yeux bandés, la bouche fermée, les oreilles et le nez bouchés, si tant est que sa raison avait seulement conscience d'une science, avant d'aborder son apport à la philosophie, dicté par la déesse, qui expliquera comment il y est parvenu.

Le monde <u>est</u>. Il est ce qui existe, <u>l'étant</u> : *to eon*. Au delà il n'y a rien, puisque tu ne peux connaître, exprimer ce qui n'existe pas. Le monde est un attribut esentiel, l'être du monde matériel. <u>En tant qu'étant</u>, il ne peut être <u>qu'un</u> ; mais il est tout l'espace, qu'il occupe entièrement, donc il n'y a pas de vide et le monde est continu et indivisible, d'un seul tenant ; à l'inverse de ce qu'affirme Héraclite, il ne peut venir d'un non-être qui ne saurait exister : le plus ne peut venir du moins, donc le monde n'a ni naissance ni mort, <u>ni commencement ni fin</u> ; il est éternel. <u>En tant qu'étendu</u>, le monde est limité, <u>fini</u> ; la limitation dans l'espace exclut le mouvement, qui est le passage du même à l'autre ; cela n'est possible qu'à partir d'un repère extérieur au mobile supposé : mais rien de lui ne lui est extérieur ; si le monde est tout l'espace, il n'y a pas de dehors ; le mouvement serait un changement de position de quelque chose par rapport à quelque chose : il ne peut y avoir de mouvement par rapport à un vide. Si le monde est le même dans toutes les directions, il est <u>sphérique</u> ; mais s'il est sphérique ne pourrait-il se mouvoir par une poussée rotative autour de lui-même ? Ce n'est pas possible faute de repère : l'étant-un ne peut se mouvoir vers un autre étant qui n'existe pas, ni vers le non-étant qui n'existe pas non plus.

Les fragments du poème qui suivent, souvent cités, où : *to au-to, le même*, répété deux fois, identité et réalité, exprime la conception de la vérité vraie et véritable selon Parménide, jouent un rôle de premier plan:

- « le même, lui, est à la fois penser et être » (fr.3).

<u>-</u> « or c'est le même, penser et ce à cause de quoi il y a pensée » (fr.8, v.34).

Parménide s'est ainsi présenté comme un physicien, qui proposait une description du monde, de l'univers matériel, différente du monde sensible. L'hypothèse rationnelle d'un monde un implique logiquement l'immobilité.

Elle donne tort au sens commun : le physicien prenant la raison comme guide doit conclure que le monde sensible reconnu par nos sens est irréel, une illusion trompeuse produite par les sens, une hallucination. Il est dans une situation semblable à celle de ses lointains successeurs les physiciens modernes quantiques, confrontés à des résultats de calculs intelligibles, en accord impressionnant avec des mesures intelligibles, contredisant les images trompeuses produites par nos sens (nos neurones).

On doit aussi à Parménide le concept du point sans épaisseur, de la surface sans épaisseur d'un volume, de la ligne sans largeur, éléments de base de la géométrie : si l'être est indivisible, les figures géométriques ne sont pas des choses, mais en fait les illusions créatrices de la géométrie : de pures abstractions. Parménide n'utilise pas ce mot mais parle de «choses absentes, sans réalité» : *apéonta*, plutôt que de «non-étants», sans être, dont on verra qu'elles sont impensables. Selon lui, les «définitions négatives» : *oi apophatikoi logoi,* comme celles qui dénient l'existence matérielle aux éléments géométriques, conviennent aux principes[44], font partie de l'*arkhé* .

Pour décrire sans l'aide des sens un monde aussi rationnel que possible, il adhère à la physique issue de l'école pythagoricienne, pour qui tout est nombre : c'est un vrai principe, avec les figures géométriques, « choses absentes » dont on déduit les éléments matériels, associés aux polyèdres réguliers : le plus pointu, le tétraèdre forme le feu, le plus lisse ayant vingt faces, l'icosaèdre forme l'eau, les cubes à six faces qui s'entassent jointivement forment la terre. Parménide a retenu l'idée que les éléments sont des formes : «Les mortels ont nommé deux formes, dont une seule est nécessaire, et c'est là qu'ils sont aberrants»(fr.8, v.53,54). La raison et les sens introduisent par ce biais un dualisme de deux domaines contraires : celui de la vérité, et celui des apparences illusoires selon l'auteur.

On pourrait donc tenir pour parménidienne l'idée que l'un des deux domaines contraires pythagoriciens soit, sinon des choses absentes : *apeonta*, au moins des *«choses négatives»*, *apophatikoi*, au risque de contredire l'image des sens. Deux formes opposées produisent des caractères contraires : dur-mou, léger-lourd, clair-sombre, chaud-froid, etc.. Dans l'opposition léger-lourd, il est difficile de soutenir que l'un ou l'autre soit un non-étant impensable. Milan Kundera franchit imprudemment ce pas en prétendant que Parménide oppose là l'être au

---

[44] BACCOU R. : *op. cit.* p. 170.

non-être et considère qu'un des pôles de la contradiction est positif : le léger, la grâce, et l'autre négatif : le lourd, la pesanteur, choix qui lui paraît mystérieux et ambigü[45]. Pourtant Parménide a fait correspondre le léger (*kouphon*) à la flamme, et le lourd (*bary*) à l'ombre, mais en admettant qu'il ait accordé à l'être une insoutenable légéreté, il n'a pas reconnu en revanche le non-être, qu'il a laissé impensé.

Sur la structure du monde sphérique on n'a pas la description de Parménide lui-même, mais un texte obscur, sans doute mal compris par le doxographe Aetius ou Stobée mais intéressant : le monde réel est présenté comme un emboîtement de couronnes concentriques semblables à des poupées russes, entre une enveloppe d'éther condensé dur, obscur, qui maintient le monde dans sa limite, et un noyau de même nature. La partie intermédiaire contenant des mélanges de contraires (*summiga*) est une source de génération de mouvements contraires, peut-être comme ceux des plateaux d'une balance qui se composent pour produire et maintenir un équilibre : contraires qui aboutiraient à l'immobilité par une obligation logique, que nous appelons la stabilité, et qui est appelé par le commentateur:

daimona kubernétin ; kleidoukhon ; dikèn ; anagkèn. Soit :
destinée pilotée ; gardien ; justice ; nécessité.
Soit encore aujourd'hui :
sortie d'ampli, consigne, régulation, contrainte.

Parménide a peut-être pressenti cette modernité scientifique pour sauver son monde immobile de contraires. Ce monde serait alors vraiment très proche de la cybernétique, et il définit bien comme destinée l'atteinte de l'immobilité recherchée, maintenue stable par un gardien, un berger de la consigne. Notons cependant dans le fragment 10 (v. 5-7) du poème la référence à la nécessité, qui « enchaîne le ciel étendu autour pour servir de borne aux astres » : « ouranon amphis ekhonta…agous epedêsen peirat'ekhein astrôn » : cette nécessité enchaînant le ciel étendu autour qui limite les astres est la même que celle qui tient l'étant dans les liens de ses bornes (fr.8, v.31) pour l'éloigner des illusions des sens et des opinions des mortels, de la *doxa*, à l'imitation des compagnons d'Ulysse qui le ligotent au mât du navire pour l'empêcher de suivre les sirènes au chant divin[46].

---

[45] KUNDERA M. : *L'insoutenable légéreté de l'être*, Gallimard, 1984, pp 11-12 et 247.
[46] CASSIN B. : *Quand lire c'est faire*, in : Parménide, Sur la nature ou sur l'étant, Seuil, Points, 1998 p.63.

Mais on peut rechercher un autre mode de production de l'immobilité : l'enracinement dans la terre de minéraux. Les êtres ainsi produits ne peuvent avoir aucun organe leur permettant de se mouvoir, de vivre : semblables aux figures géométriques, ils sont définis négativement par des *apeonta* ; ces «choses absentes» en font des objets renfermés sur eux-mêmes : non pas comme les autistes qui refusent de communiquer avec leur environnement externe, mais parce que cet environnement n'existe pas dans le monde de Parménide qui n'a pas d'extérieur, non plus que ces objets qui sont le miroir de ce monde parménidien, dont ils apparaissent comme les *stoikheia*. Semblables aux monades leibnitziennes, ils n'ont ni portes ni fenêtres car ils n'échangent rien[47] : ils préfigurent les atomes dont la nécessité va se faire jour pour résoudre les contradictions rencontrées.

Dans son poème, Parménide a été le premier, ou parmi les tout premiers, à tenir un langage philosophique, et s'affirmant inspiré par une déesse, il l'a inauguré par des affirmations impératives, décidant de l'être et du non-être, de l'essence de ces choses.

Parménide pose que la pensée est identique à l'être, mais que l'être et la pensée ne sont pas vraiment liés : on ne peut pas les discerner ; alors que l'être et le non-être non seulement ne sont pas liés, et sont différents, mais au surplus ils sont hétérogènes : le non-être est impossible à penser, impensable, donc interdit , Parménide en a décidé ainsi, et il a été le premier à en user de la sorte.

Quel accueil un univers partant de telles prémisses, objet artificiel créé à partir de là dans le but de philosopher, a-t-il reçu dans son environnement externe, de la part de philosophes qui se piquent par ailleurs de raisonnement scientifique, d'épistémologie, théorique ou expérimentale ?

Les conclusions de Martin Heidegger qui a beaucoup médité sur Héraclite l'Obscur comme sur Parménide seront évoquées en détail au paragraphe 6. Il dit que la science ne pense pas mais calcule.

Partant du fait qu'une pensée est formulable sous la forme d'un calcul, n'en déplaise à Heidegger, réalisable par un réseau de neurones, Warren Mc Culloch a construit une machine produisant ce type de formule.

Alain Badiou a repris les raisonnements de Parménide pour les disséquer[48]. Selon lui, contrairement à ce que soutient Heidegger qui croit

---

[47] SERRES M. : *La naissance de la physique dans le texte de Lucrèce,* Editions de minuit,1977, p. 176. ; et *La traduction,* Editions de minuit, 1974, p. 113.
[48] BADIOU A. : *6ème et 7ème cours,* in :Le Poème de Parménide, Entretemps, 1985

que Parménide présente une thèse, c'est Parménide qui juge de lui-même et décide, parce que le même est pensée et être, que le non-être est impensable, interdit, impossible : condition pour que la pensée puisse être fondée, et donc pensée. A cet égard, il lit le fragment 6 du poème parménidien comme un <u>ordre</u> :

« <u>Il faut</u> dire et penser ceci : rester dans l'étant ; être <u>est</u> en effet,
Khrê to legein to noein t'eon emmenai ; esti gar einai (v.1)
Mais le néant <u>n'est pas</u> : voilà ce que <u>je t'enjoins</u> de considérer
Mêden d'ouk'estin ; ta s'egô phrazesthai anôga (v.2) ».

Cette impossibilité <u>noue</u> alors l'être, la pensée et le non-être par un nœud où chacune de ces instances lie les deux autres, ce qui est le propre du <u>nœud borroméen</u> : celui appliqué par Lacan à la psychanalyse où il ambitionne de représenter scientifiquement le lien R-S-I entre le réel, le symbolique et l'imaginaire par un <u>mathème</u>, dont ce nœud est une instance.   Parménide interdit alors le non-être pour fonder la pensée comme pensée de l'être. Il ne constate pas que l'être, la pensée et le non-être sont noués : il <u>noue lui-même</u> le nœud ; ce nouage est sa décision, la volonté d'établir un lien.

Dans : *Qu'appelle-t-on penser ?*[49] Heidegger lit autrement le fragment 6, comme un <u>appel</u> lancé par *t'eon emmenai*, qu'il traduit par : <u>l'être présent de l'étant présent </u>(une autre traduction sera évoquée un peu plus loin) : appel de la pensée dans son être qui installe le *noein* dans *l'einai*. *Noein* n'est <u>pensée</u> que sous la dépendance de : *einai,*   où elle s'enracine, ce qui semble être aussi l'avis de Shakespeare : « Thought is the slave of life »[50].

Le dictionnaire Bailly traduit *noein* par: avoir (une pensée) dans l'esprit. Heidegger l'articule avec *legein*, un dire, un langage : la pensée n'est pensée que lorsqu'elle pense l'étant, *to eon*. Il traduit *noein* par : <u>prendre en garde</u>, et lit donc le fameux fragment 3 cité plus haut :

«Prendre en garde, et aussi être présent de l'étant présent, s'entr'appartiennent. »

Pour Badiou, l'opération de nouage du nœud est bien la décision de Parménide lui-même, dictée par la déesse, donnée par Parménide en forme de sentence ou de signe : pour que l'être convoque la pensée à le penser, il faut une décision interdictrice. Barrer la voie du non être, tel est

---

[49] Cité par : CASSIN B. : *op. cit* ; p. 292
[50] SHAKESPEARE W. : *op. cit :* Acte V, sc.IV, v.81

le protocole de l'opération dans lequel le nouage est prononcé. Les particularités de ce protocole sont de deux ordres :

- le non être est bien ce par quoi pensée et être tiennent l'un à l'autre : la voie du non être en est la seule garantie.
- l'interdiction est un impératif négatif : « ne fais pas cela ». Il n'y a de pensée que s'il y a une interdiction. Mais de quoi ?

« L'interdit porte donc sur un *nom*, à savoir que c'est de la « voie » qu'indique le nom « non être « qu'il faut s'écarter. »

L'hétérogène pur, l'indiscernable et l'impossible seraient trois instances d'un lien minimum :
- aucun lien entre l'être et le non être , hétérogènes : l'un exclut l'autre ;
- être et pensée ne sont pas liés, mais indiscernables, identiques ;
- aucune liaison entre pensée et non-être : le non-être est impossible à penser ; la pensée ne pense pas le non être, qui reste impensé.

Parménide a donc posé trois relations, chacune entre deux instances : une relation d'*identité* entre être et pensée (indiscernables, ils ne sont pas liés) ; une relation d'*exclusion* radicale entre être et non être, s'excluant l'un l'autre, ils ne sont pas liés ; une relation d'*interdit* entre être et pensée : trois rapports qui sont en fait des non-relations, niant l'existence de liens :
- être et pensée ne sont pas liés à proprement parler : on ne peut les distinguer.
- être et non être ne sont pas liés, puisqu'ils s'excluent l'un l'autre : on ne peut penser leur coprésence
- le non être est impossible pour la pensée, le non être est l'impensable de la pensée : ils ne peuvent être liés.

Badiou observe que cette manière de raisonner, ordonnant au départ un axiome et constatant des contradictions si on s'en écarte, n'est autre que la démarche du raisonnement par l'absurde, qui part lui aussi d'un impératif. Pour la première fois, on a quitté le récit, le mythe, pour introduire le premier raisonnement de forme mathématique (pas le meilleur, on fera mieux plus tard). Ce serait par cette innovation que Parménide a inauguré la philosophie. Qu'est-ce que le raisonnement par l'absurde ?

Soit la proposition *p* : elle signifie que *p* est vrai, elle affirme sa valeur de vérité. La proposition : non (*p*) dit que *p* est faux.

La proposition : « Si *p* est faux, alors non (*p*) » définit la négation.

La proposition : « Si non(*p*) est faux, alors *p* » est le raisonnement par l'absurde : il interdit la double négation, ii exclut la possibilité d'un tiers ; il entend prouver abstraitement l'existence d'un objet sans le montrer ; s'il faut créer l'objet, il ne dit pas comment le construire. Les philosophes constructivistes rejettent ce raisonnement pour insuffisance de preuve.

Exemple de *p* : l'étant <u>est</u> (un arbre, une girafe, une machine à vapeur, un être suprême)

Raisonnement par l'absurde : s'il est faux que l'étant n'est pas, alors l'étant est.

Le constructiviste : je l'accepterai quand vous m'aurez montré l'étant, ou fourni un moyen de le construire.

La position des atomistes à ce propos est exposée plus loin au paragraphe 5, mais rappelons pour mémoire en quelques mots la position des post-socratiques. Il semble qu'ils aient bien senti la nécessité d'un nouage entre l'être et la pensée, mais l'interdiction du non-être était plus qu'un nœud : un bâillon étouffant. Platon le met en liberté surveillée . Pour Platon, l'être et la pensée ne sont pas le même ; il n'interdit plus le non-être, il lui donne un nom : *l'autre*, qui n'est pas le même, qui introduit l'*expérience*, tout ce qui n'est pas : naître, mourir, se déplacer, changer de couleur, etc.. Pour Aristote, l'être est ce que la pensée pense dans un espace limité par l'interdiction du langage de l'expérience ; la pensée est nouée à l'être et au non être par l'expérience, que le non-être récapitule

La déesse s'est exprimée par les mots du Poème, sur le sens desquels on reviendra plus loin : des mots qui sont là « dressés comme des statues archaïques grecques » écrit Heidegger ; des mots grecs, déjà difficiles à comprendre en grec, intraduisibles dans une autre langue. On ne <u>traduit</u> pas une statue antique, on parle, on parle, c'est tout ce qu'on sait faire.

Pour ces mots, Parménide est considéré comme le premier à avoir parlé de philosophie. Mais quels mots ? Et la question : <u>qui</u> a été le <u>premier</u> philosophe, a-t-elle un sens, et un intérêt ? S'il y a un premier, c'est un créateur, il y a une création, un commencement, ce que nie la déesse. L'être humain a peut-être commencé à élaborer ce que nous appelons une pensée bien avant d'avoir appris à écrire, avant même de parler : quand il a réussi à emmagasiner un nombre suffisant de milliards de neurones sous son crâne élargi, et une quantité suffisante de culture, acquise en imitant et répétant ce qui avait réussi. Alors Toumaï ? Adam (l'arbre de la connaissance) ? Mc Culloch affirme que des primates, voire des oiseaux, savent reconnaître les nombres 1 à 6, par leur aspect, mais seuls les hommes savent compter ; d'abord sur les doigts et les phalanges, mais ils ont fini par comprendre, peut-être en mettant un pied devant l'autre, chaussé, lacé différemment, qu'il suffisait de : « paille, foin ; un, deux » et de recommencer. Pourquoi pas : être, non-être ; *to be, not to be* ? répété en effeuillant une marguerite.

Badiou a déterré des prédécesseurs historiques : un papyrus égyptien et un hymne védique datant de trois siècles avant Parménide évoquent l'être, la pensée, le non-être. Ce n'est pas à proprement inaugurer la philosophie, paraît-il : Parménide a inauguré la philosophie en instaurant un nouage, l'existence de liens entre ces entités, que ses successeurs ont déclinés autrement.

Notons qu'avant lui, à une époque préhistorique encore plus ancienne, les Hébreux, nomades ignorant l'écriture et l'alphabet, après avoir quitté l'Égypte et traversé le desert de Sinaï, avaient compris la nécessité de liens entre les universaux : ils avaient institué une fête des cabanes (*Souccot*) où l'on célébrait quatre espèces végétales, nouées symboliquement : la feuille de palmier-dattier, représentant le goût sans l'odeur, nouait celles du myrte (l'odeur sans le goût), du cédrat (le goût plus l'odeur) et du saule (ni goût ni odeur). Il se peut que ce nouage ait figuré une dégénérescence ultime du sacrifice humain, puis animal, puis végétal (sans consommation comme dans l'eucharistie) pour obtenir la pluie. Puis un jour, assez tardivement, le goût a été mis en rapport avec la raison, l'étude, et l'odeur avec les sens, l'opinion, les «prescriptions » (*mitsvot*, rites) : la *doxa*. Faut-il y voir une anticipation de la pensée (palmier-dattier) nouant l'être (cédrat), le non-être (saule) et les sens, l'opinion (myrte), pour le meilleur et pour le pire ? Avant ou après Parménide, qui sait ?

M. Jourdain demandait au Maître de Philosophie qu'il lui enseigne la Grammaire. Interrogé à ce propos, un sage érudit dont l'avis fait autorité m'a confirmé que les Hébreux ne connaissaient de l'être que le verbe, conjugué dans le tétragramme aux trois temps ; ils n'avaient pas de substantif être. Spinoza savait l'hébreu, mais il a trouvé l'être dans le latin. Est-ce important? Sous réserve que les fragments recueillis aient été numérotés dans le bon ordre, celui de l'auteur (alors que le placement du fragment 4 avant le fragment 8 est jugé « ontologiquement » invraisemblable), Parménide serait le premier *grec*, à avoir défini (en *grec*) une première bête philosophique, par un verbe participe substantivé : *to eon*, l'étant, apparaissant dans ce cas pour la première fois dans le fragment 4 : « tu ne sépareras pas l'étant de l'étant en le coupant car il est d'un seul tenant » : ou gar apotmêxei to eon tou eontos ekhesthai (fr.4, v.2); mais réaffirmé au fragment 6 (v.1) cité plus haut : « t'eon emmenai », « persévérer dans l'être », si j'ose encore croire mon vieux dictionnaire Bailly du lycée, discrédité par cette apparition inopinée avant l'heure de Spinoza.

Mais cette traduction a donné lieu à une subtile controverse entre grammairiens : l'un refusant la grammaire à *eon* traduit par « être » comme ci-dessus, l'autre déployant « l'ontologie de la grammaire » dans le passage du verbe au participe substantivé : l'étant ; tous deux acceptant que *tau* apostrophe devienne l apostrophe ; tous deux refusant : « l'il y a »[51].

Ainsi le discours philosophique consiste à substantiver les verbes, ce qui explique les difficultés du français, et de l'hébreu, à traduire les mots des philosophes grecs et allemands. À quel moment l'oiseau de Minerve, philosophe ou grammairien, a-t-il pris son vol « pour gauchir la destinée », le matin plutôt que le soir ? Au 17è siècle ? En 1927 ? Auparavant l'oiseau qui pense a bien dû s'arrêter quelque part pour dormir, rêver « la tête sous l'exil tout proche et lointain de ses ailes, dans une alliance confuse de feuillage et de plumes » avec l'arbre, qui est. À l'aube, « l'oiseau de son bec coupe en lui le fil du songe » pour philosopher. Il laisse l'arbre continuer seul le récit.

Ainsi « l'élément du récit est circonscrit au sujet de l'énonciation : ...l'énoncé se soustrait à la figure du récit et il lui substitue autre chose. L'autorité... ne sera pas celle du récit... on aura, chemin faisant, un changement de loi[52] ». Avant même de nommer l'étant, Parménide avait déjà donné un nom à son contraire : « to mé eon » (fr.2, v.7), le non-étant, pour s'empresser de l'interdire.

Et pourtant (*und dennoch*), chemin faisant (*Holzwege*), premier philosophe ou non, Parménide a bel et bien *imité* un *modèle médiateur générateur d'un récit,* peut-être le même que celui suivi à son tour par

---

[51] CASSIN B. : *op. cit.* pp. 34, 212.
[52] BADIOU A. : *Le Séminaire-Parménide*, Fayard, 2014, pp.196-200

Heidegger des millénaires plus tard : le poète *Homère,* qui a créé l'ancêtre en Occident des chevaliers errants, de Lancelot et Perceval à Amadis de Gaule , « le prudent et patient Ulysse, original du plus excellent maître que Don Quichotte sait », que doit imiter « celui qui veut acquérir le nom de prudent et patient »[53] ; c'est l'objet du désir de Parménide, qu'il ne choisit pas lui-même, que la déesse choisit pour lui par la voix d'Homère, médiateur prestigieux qui féconde l'imagination de Parménide pour engendrer le monde manifestement illusoire qu'on vient de décrire[54], transfigurant l'objet de désir en un univers de rêve. L'objet du désir décline le rapport entre soi et l'autre.

L'imitation est métaphorique, et le récit métonymique. Le futur philosophe part *à la recherche romanesque de la vérité* dans une quête de mémoire à long terme, retour à un passé lointain. Parménide se définissait lui-même avant tout autre récit comme chevalier errant « porté par les juments sur des chemins où l'on échange beaucoup de discours » : hippoi tai me ferousin...es odon polyphèmon *(*fr.1, v.1,2) , pour aboutir à un étant immobilisé.. L'imitation mimétique se réfère à l'être en tant qu'autre, au changement d'état qu'un être subit par l'action d'un autre être : le médiateur, et pour le médiateur à sa capacité d'opérer un changement dans un autre être : l'imitateur.

Puisque le monde parménidien n'est pas du temps des mortels « où la génèse et la destruction ont été bannies au loin, chassées par la certitude de la vérité », « epei genesis kai olethros têlé mal'eplakhthêsan, apôse dé pistis alêthês » (v.28), mais : « anarkhon apauston » (fr.8, v.27), « sans commencement et sans fin » du temps éternel de l'étant qui est au présent, il est logique de le concevoir comme l'imitation d'un modèle déjà là.

Il y aurait donc deux régimes différents de la garantie de la vérité, deux perspectives : le modèle médiateur générateur de récit, et le « mathème », élément d'une mathématique à venir dont on n'a retenu ici que le nœud borroméen et le raisonnement par l'absurde ; cela faute d'en avoir compris davantage, n'entendant vraiment pas le lacanien,à mon grand regret, si ce n'est qu'il veut lui aussi imiter un modèle médiateur : les maths modernes.

Revenons donc à la première perspective : le monde immobile, ou

[53] GIRARD R. : *Le désir « triangulaire »,* in : Mensonge romantique et vérité romanesque, Pluriel, Grasset, 1961, pp. 15.
[54] GIRARD R. : *ibid.* p. 31.

immobilisé, de Parménide, sur injonction de sa déesse, issu de son effort pour repousser par la raison le monde trompeur des sens et de l'opinion, la *doxa*, ce monde est engendré à travers son imagination, par l'imagination homérique de l'immobilité d'Ulysse, appliquant les recommandations de Circé la magicienne (*Odyssée*, XII) qu'il fait connaître à ses compagnons, avant de boucher leurs oreilles avec de la cire pour qu'ils n'écoutent pas les sirènes : « Fuyez les accents des sirènes au chant divin » : « sereinon thespesiaon phthogon alevastai » (v.158) tandis qu'elle m'ordonne de les entendre ; « mais liez-moi dans un lien pénible, tandis que je reste là fixé sur le sol »: « alla me desmô desat'en argaleô, ophr'empedon autothi mimno » (v.161), « droit sur l'emplanture, et là-même attaché à elle » : « orthon en istopedê, ek d'autou peirat'anêphto » (v.162) ; « mais si je vous commande de desserrer les nœuds, vous, serrez un tour de plus ! »

« – Quand tu prendras le chemin vers Ithaque, recommandait le poète Cavafis, souhaite que dure le voyage, qu'il soit plein d'aventures et d'enseignements...Les violences de Poseîdon, tu ne les verras pas, à moins de les recéler en toi-même, ou que ton âme ne les dresse devant toi. »

Le retour d'Ulysse à Ithaque, contrarié par les violences de Poséidon, inspire à Parménide un retour à un passé lointain, une recherche de la vérité avec l'aide de la déesse de la Raison, de la Sagesse et de la Prudence, qu'il ne nomme pas mais dont les traits ressemblent singulièrement à ceux d' Athena aux yeux pers. Initiation peut-être, mais à une quête du désir de l'objet du désir d'un autre : le monde parménidien immobilisé plutôt qu'immobile, où la doxa est repoussée dans le non-être ; initiation à l'image d'Ulysse ligoté à son mât, pour écouter sans lui obéir le chant des sirènes ; l'étant ligoté par d'autres liens[55], « par la justice qui ne relâchera pas les liens où elle le tient », « diké khalasasa pédesin all'ekhei » (fr.8, v.14-15) ; « par le destin qui l'a attaché » : « moira epedesen » (v.37), ; « c'est pourquoi_il faut que l'étant(enfin nommé) ne soit pas illimité » : « ouk ateleuton to eon themis einai » (v.32), la double négation renforce la règle que l'étant, le monde est fini, limité en étendue (mais non dans le temps où il n'a ni début ni fin).

Le fragment 8 du poème reprend la recommandation de Circé, parfois avec les mêmes mots : comme Ulysse ligoté à son mât, l'étant, objet d'un désir copié sur celui d'Homère, est ici même « solidement planté au sol »: « khoutos empedon authi menei » (v.30) ; « la <u>nécessité</u>, qui le

---

[55] CASSIN B. : *op.cit* , p. 55,57

tient dans les liens de ses bornes « : « anagkê peiratos en desmoisin ekhei » ((v.31) remplace les <u>compagnons</u>, qui ligotent Ulysse.

Dans les deux cas il n'y a pas une immobilité véritable mais une immobilisation par des liens multiples, des forces extérieures : les compagnons d'Ulysse qui le lient en obéissant à ses ordres, sont imités par la nécessité, le destin qui coule comme le fleuve enfermé entre des berges qu'il a lui même construites en creusant son lit, comme Ulysse qui a ordonné lui-même qu'on le ligote à son mât pour résister aux sirènes.

5. Les atomistes

Le monisme extrême de Parménide aboutissant à un rejet difficile à admettre du monde des sens produira en réaction la théorie atomistique de Leucippe et Démocrite.

Les atomistes et Platon, devant les difficultés inextricables de l'intelligible opposé au sensible, autoriseront le non-être : au lieu de l'interdire ils chercheront une solution dans l'être du non- être. Pour critiquer Zénon dans l'esprit de l'antiquité, Leucippe réfute la négation par Parménide du mouvement et de la pluralité mais en restant dans son système de pensée : on peut opposer une chose à son contraire, l'être au non-être (dont on a bien besoin !), mais non au pur néant, au rien : le monde existe, plutôt que rien. S'il y a être dans ce monde, il y a non-être ; si l'être est réel, il en est de même du non-être. Les deux produisent les choses. Si l'être forme ce qu'on appelle la matière (l'anti-matière n'étant pas encore imaginée) le non-être forme le *vide* : une chose qui n'est pas sensible, et peu intelligible, mais d'une nécessité logique opportune. Les choses sont constituées de plein et de vide : en dehors il n'y a rien, le néant, *ouden*. «Rien ne vient du néant, et rien n'y retourne». L'être de Parménide devient le plein, la matière : elle est divisible, mais pas indéfiniment : en la divisant on finira par se trouver en présence de parties indivisibles nommés pour cette raison : *atomes*. On ne les voit pas en raison de leur très petite taille. C'est à chacun de ces éléments et non à leur ensemble, au monde, que conviennent les attributs essentiels : unité, continuité, limitation, éternité. Le monde est composé de vide et d'atomes, en mouvement perpétuel. Rien n'arrive vainement , « tout vient d'une raison (cause) et sous la nécessité » :«alla panta ek logou te kai hyp'anagkès». Mais cette cause ne peut être que le résultat d'un *arkhé*, d'un principe constructif : *anagkè*, la *nécessité* du mouvement éternel qui engendre la diversité des choses .

Les atomistes ont retenu de Parménide l'idée que « rien ne se crée, rien ne se perd » : ni création ni annihilation ne sont pensables. La diversité du monde s'expliquerait alors par des transformations, des mouvements. La conclusion : « tout se transforme » serait logique. Parménide, qui n'admet déjà pas le mouvement, récuse cette explication, il admet que les éléments ont une forme, mais une seule : pas de métamorphose. Les atomistes donneront une seule forme aux atomes, mais créeront une diversité d'éléments en les assemblant dans toutes les formes possibles,

Démocrite, disciple de Leucippe, est un scientifique au sens moderne : il n'oublie pas l'être, mais tente de le regarder du bon coté. Si tout corps était divisible à l'infini, ou il ne resterait rien, et il n'y aurait pas de matière, ou il resterait quelque chose mais quoi ? La réponse la plus logique, c'est la division jusqu'à une taille finale très petite mais non nulle, c'est l'existence d'éléments ultimes réels, indivisibles et insécables appelés donc atomes. L'être n'est alors pas un, mais est composé de ces corpuscules. Ils sont tous de la même substance, mais au cours de leur mouvement perpétuel ils subissent des chocs qui les repoussent, alors la pression des autres augmente et agrège les atomes en des formes variant à l'infini, ou au contraire les désagrège : la violence des chocs libère les atomes. À l'échelle humaine, la naissance est une agrégation d'atomes et la mort une désagrégation qui les disperse. Ce mouvement des atomes n'a eu aucun commencement et existera de toute éternité : il ne peut donc avoir d'origine, ni de cause, et la nécessité ne peut de toute façon être une cause mais un destin. C'est le point faible de l'atomisme antique, pointé par Aristote : la nécessité est aveugle et au surplus sans but, défaut redhibitoire aux yeux d'Aristote car il n'accepte que les choses qui ont une finalité.

Cela dit, il est vrai que les atomes sont très, très petits : Lord Kelvin a proposé l'expérience de pensée suivante : imaginons qu'on puisse marquer d'un signe distinctif toutes les molécules contenues dans un verre d'eau, et qu'on verse le contenu de ce verre dans l'océan, disons un jour de tempête, profitant d'un cyclone tropical pour bien le mélanger ; si on remplit ensuite un verre d'eau n'importe où dans l'océan, on y trouvera environ cent molécules marquées, plus ou moins environ la racine carrée de cent, soit dix molécules d'écart à la moyenne d'un endroit à un autre.[56] Mais rappelons-nous la remarque de Norbert Wiener en la précisant :

---

[56] SCHRÖDINGER E. : *op. cit.* p.38

l'atome est extrêmement petit comparé….au mètre en platine iridié adopté par l'humanité comme unité internationale de mesure jusqu'au milieu du XXème siècle. Ce mètre et le kilogramme de même « farine » sont des instruments adéquats pour mesurer notre cerveau, qui selon le sophiste Protagoras est la vraie mesure de toute chose, et qui pour produire de la pensée a besoin de consister en un nombre énorme d'atomes, car ainsi le veut la nécessité : la pensée c'est de l'ordre, cela ne peut s'appliquer qu'à des choses ordonnées, et ne peut exister que dans un monde obéissant à des lois précises : certainement pas le monde désordonné en agitation thermique des atomes, mais le regroupement d'un nombre suffisamment élevé d'atomes pour que les lois de la statistique y introduisent l'ordre nécessaire : à l'échelle humaine quelques centaines de « moles »(12 grammes de carbone, dont le nombre d'atomes porte le nom d'Avogadro) . Une très grande exactitude, assortie d'une erreur relative dont l'ordre de grandeur serait l'inverse de la racine carrée de cent nombres d'Avogadro : le dix millionième de millionème.

Pour Démocrite comme pour Leucippe, la nature est un assemblage de deux éléments ultimes : les atomes (ce qui est plein) et le vide, déduits du principe : «Rien ne vient du néant, et rien, après avoir été détruit, n'y retourne». Les atomes, corpuscules solides, indivisibles, ne pouvant être modifiés à cause de leur dureté, font l'objet d'une <u>description illusoire, anthropomorphique</u>, comme : lisses ou rudes, crochus, recourbés, ronds, etc. et sont définis par des attributs qui étant plus que des accidents méritent l'attention, mais ont été «traduits» incorrectement par Aristote :

leur «ordonnance, juste mesure, symétrie» : rhythmos pour Démocrite, traduit (en grec de cuisine) morphè, «forme» par Aristote ;

leur «direction» : tropè, trahie en thesis, «position» par Aristote ;

leur «contact mutuel» : diathighé, pour Démocrite, auquel Aristote a substitué taxis : «mise en ordre, place assignée», changeant le vocabulaire donc le sens atomistique pour mieux le réfuter. Mais alors Aristote ne dénonce pas ce qui lui paraît une illusion : le «traducteur» présente sa propre conception de causes finales, plutôt moins scientifique.

Nous ne pouvons passer sous silence Épicure, dont les idées ont été glorifiées par le poème de Lucrèce : *De la nature des choses*. Cicéron juge que ce sont les idées de Démocrite qu'Épicure présente, et suggère poliment que ce que change ou ajoute Épicure prouve qu'il n'a rien compris à l'atome.

Épicure n'est assurément pas un scientifique au sens moderne. Sa conception du monde est sommaire : «Rien ne vient du néant, et rien n'y retourne» . Il ne se soucie pas d'en rechercher des attributs essentiels par la raison : le vide et les atomes de Démocrite lui conviennent, mais il s'appuie sur le témoignage des sens pour s'en faire une traduction, une transposition à son échelle, forcément illusoire : le vide est ce qui n'offre aucune résistance, les atomes le traversent verticalement à une vitesse uniforme par la pesanteur : en tombant de la sorte ils ne peuvent jamais se heurter. Épicure introduit alors son « transpondeur », une déviation spontanée : le *clinamen*, pour qu'ils puissent s'entrechoquer. Le témoignage des sens est la vue de «la danse désordonnée des grains de poussières dans un rayon de soleil, poussés par d'imperceptibles chocs[57]» à des moments et en des lieux indéterminés (nec plus quam minimum, incerto tempore incertisque locis[58]), que nous retrouverons dans un autre contexte, dans l'éclaircie de la clairière assiégée par l'ombre de la forêt noire.

Faute d'explication rationnelle de ce *Deus, ou Homo ex machina* introduit *ad hoc*, Lucrèce en fait le symbole du libre arbitre : cette déviation introduit, crée une liberté dans l'univers, substituée à un déterminisme rejeté : «le monde n'a nullement été créé pour nous par les dieux : tant ses défauts sont évidents[59]».

Création illusoire : il en est du libre arbitre de Lucrèce comme de la libre critique du savetier convoqué par le grand peintre Apelle pour réparer son cothurne abimé. Pline l'Ancien rapporte qu'en même temps qu'il effectuait son travail manuel le savetier avait critiqué la manière dont le peintre avait représenté une sandale dans un tableau. Apelle le félicita de son jugement de professionnel, mais le savetier s'enhardit jusqu'à critiquer le tableau entier : − «Savetier, pas plus haut que la chaussure ! Sutor, ne supra crepidam !» protesta le grand peintre.

6.Heidegger. *La science qui ne pense pas*

Passons de ces Anciens à Heidegger, ce penseur moderne qui a beaucoup médité sur leurs illusions créatrices, qui a cru voir celles d'Héraclite l'Obscur dans le rétroviseur d'un éclair, évoquées plus haut, mais aussi celles de Parménide qu'il n'a pas trouvées si différentes :

---

[57] LUCRÈCE : *La nature des choses,De natura rerum*, Arléa 1995,p. 65.
[58] LUCRÈCE : op. cit. p. 68.
[59] LUCRÈCE : op. cit. p. 67.

j'essaie de déchiffrer ce qu'il en a dit, modestement, en n'allant pas plus haut que les chaussures scientifiques.

J'éviterai autant que possible de parler de la vraie philosophie, que je comprends fort mal, celle de Heidegger en particulier. J'ai donc rangé mes souliers artificiels au bas de mon armoire, et placé tout en haut, hors de portée, le Dasein, le temps ek-statique, et le poète Hölderlin. Mais je crois pouvoir exprimer une opinion (discutable) sur l'attitude publique de l'homme, que je trouve vernaculaire et sans grand mystère.

Heidegger l'Opaque est un philosophe allemand qui a écrit en langue allemande dans un langage heideggerien : il a exprimé une philosophie allemande à la gloire du peuple allemand, dont il a fait remonter l'origine aux philosophes grecs présocratiques, héritiers d'ancêtres peut-être originaires du nord, descendus en Grèce pour profiter du soleil : philosophie qui a connu un grand succès en particulier auprès des philosophes français. Cependant il s'est exprimé dans un environnement externe particulièrement troublé, qui a jeté beaucoup de confusion dans son message, venant s'ajouter à l'obscurité de son langage :

1. République de Weimar où l'art moderne s'est épanoui (chapitre 8.1), et où Heidegger a publié *Être et Temps* (1927), œuvre qui l'a rendu célèbre mais dont le contenu purement philosophique ne sera pas évoqué ici.

2. Puis Troisième Reich : Heidegger a adhéré en 1933 au parti nazi dont il a cru qu'il prônerait les valeurs passéistes qu'il défendait, prenant comme modèle la paysannerie, une révolution nationale conservatrice de type pétainiste, et il a espéré qu'on le désignerait comme chantre officiel. Mais il a dû déchanter à partir de la nuit des longs couteaux (1934) et même avant : le parti qui ne comprenait rien à sa philosophie politiquement inutilisable pour son programme, le voyait comme un inquiétant pilpouleur talmudiste, et lui a préféré le raciste Alfred Rosenberg. Il a donc « boudé » le parti, mais sans le quitter ni l'attaquer, subissant la fréquentation de voyous qu'il devait mépriser, replié dans sa tanière en forêt noire, protégé des persécutions par l'obscurité de ses propos. Peu après il a donné plusieurs conférences sur *l'origine des œuvres d'art* reprenant et développant un manuscrit de 1931-1932 où l'on peut voir qu'il commençait à opérer déjà un «tournant» sur la notion de vérité, remise en question dans le domaine de l'art. À la fin de la guerre, il a pleuré sur les malheurs de sa patrie.

3. Enfin après la guerre, Heidegger a subi des attaques en raison de son attitude très équivoque, a été vivement défendu par des amis

français, et a soulevé des querelles passionnées, dont nous ne retiendrons que la controverse sur l'origine de l'oeuvre d'art publiée à partir de 1949, parce qu'elle a pris la tournure intéressante d'une illusion créatrice collective à propos de la vérité (cf chapitre 8) ; il s'est aussi beaucoup exprimé à propos de la science et de la technique, par la position résumée ci-après.

Le philosophe Heidegger dit que «la science ne pense pas, car ce n'est pas sa vocation» : la science ne pense pas, cela veut dire que la science n'est pas la philosophie, elle «calcule». Il appartient à la philosophie de penser, pour dire ce qu'est l'Espace, le Temps, le Mouvement, s'il est ou s'il n'est pas. Le philosophe de la nature, le physicien antique s'y est aventuré. Si le Mouvement est, si Achille court, ce qui permet d'énoncer des arguments à partir de là, il appartient alors à la science de décrire ce qu'il est, ce que Zénon n'a pas fait, n'étant pas mathématicien. Si le Mouvement n'est pas, nous sommes chez Parménide.

Selon Heidegger, qui ne parle pas comme physicien (la science moderne «mesure», et calcul et mesure méritent une méditation philosophique) l'être en tant que monde est ouverture, surgissement, jour, éclosion, culture ; en tant que terre l'être est fermeture, enracinement, nuit, retrait, dissimulation, réserve obscure, nature. Quand il pense à l'être, le monde reposant sur la terre aspire à la dominer ; la terre au contraire aspire le monde pour le retenir, d'où une lutte.

Le monde et la terre de Heidegger, pensés en tant que concepts, présentent une ressemblance formelle considérable avec l'extérieur et l'intérieur d'une boîte noire (IC, ch. 1.2) : concept que nous essaierons d'exploiter pour présenter sa vision de la science.

L'univers de Parménide a fait l'objet d'une interprétation par Heidegger qui veut y voir une réponse à la question moderne qui le préoccupe : qu'est-ce que l'être ? Heidegger se focalise sur quelques passages qu'il interprète, une obscurité favorable l'autorise à prêter à ces grecs primitifs ses pensées ; rien ne prouve qu'ils étaient préoccupés par l'être, mais en cherchant à expliquer l'univers, un tout dépassant ce que nous appelons la nature, il leur est arrivé souvent de «penser».

Heidegger retient la phrase de Parménide : «Le même est à la fois penser et être» : ils s'entre-appartiennent, précise-t-il. Si penser c'est être, le non-être ne peut être pensé. On est dans le monde de Parménide. Soit un marteau en manque–à-disposition : sa martéité qui émerge est, mais le marteau n'est pas un non-étant impensé ; le marteau est une chose absente, dans les *apeonta* : il fait partie d'un environnement implicite dans un monde des possibles pour un marteau ; en parler en l'absence d'une activité nécessitant sa présence n'a pas de sens.

À propos d'un autre fragment de Parménide : «C'est le même, penser et ce à propos de quoi il y a pensée», Heidegger constate qu'il y a pensée sans qu'il soit question d'un sujet qui pense, d'un homme qui soit sujet : l'être prévaut, et l'homme n'intervient dans l'événement , il ne pense qu'à partir de l'être, auquel son être-homme doit appartenir. Il n'y a pas de concepteur ni de créateur, mais un gardien de l'ouvert que l'œuvre éclaircit, gardien de phare ou allumeur de réverbère suivant que l'œuvre éclaircit les lointains ou le chemin défrayé «dans l'éclaircie de la clairière assiégée par l'ombre de la forêt».

Mais la pensée vient de l'être pour faire apparaître comme phénomène la vérité, qui est un événement qui surgit hors de son retrait (a-léthéia) où elle se tenait dissimulée mais prête à éclore. L'idée est cette fois héraclitéenne : il fallait du non-être qui puisse produire l'être, comme la nuit produit le jour qui produit la nuit, un non-être qui contient quelque chose de voilé, d'occlus ; le non-être des atomistes qui est le vide ne convient pas : «Rien ne vient du néant, et rien n'y retourne». Il faut du caché, de l'oubli pour produire la vérité, dévoilement d'un étant, qui était donc voilé, aimait s'abriter : justice, mais pas jugement ; confiance fragile, soumise à l'erreur, à l'oubli, la *léthé*. La fleur est un tout depuis ses racines, une «réserve» enfouie dans la terre, jusqu'au bouton épanoui de la rose (la boîte noire est le pot de fleur, dépotée dès que possible). De même le discours, les mots, qui sont ce qu'ils disent, mais aussi ce qu'ils ne disent pas quand la voix s'interrompt entre les mots. Cette vérité originaire : dévoilement des choses, apparition de l'être, est une ouverture de l'être à lui-même, préalable qui rend possible l'expression d'une vérité des choses ; elle est fort différente de la vérité opposée à l'erreur, au faux, de la vérité adéquation d'un jugement avec son objet, qui présuppose que l'accès aux objets est déjà acquis, que les choses se sont manifestées, ont un sens.

Pour Platon et Aristote, l'événement ayant eu lieu, on ne regarde plus que la chose surgie, on néglige les racines, la réserve. Pour Platon, penser c'est se ressouvenir, se replier dans sa subjectivité pour interroger sa mémoire, dont la pensée méditante est la source. La Tortue prend le temps de penser. Selon Aristote, penser c'est concevoir, créer mentalement ; c'est aussi juger. Laissons les philosophes *penser* pour décider si cette vérité originaire a ou non un sens ; si son contraire *léthéia*, le retrait caché est, s'il est l'oubli de l'être, ou s'il est simplement le non-sens.

L'*arkhé* d'Heidegger découle de ce qui précède : son principe actif est l'enracinement : son *stoikheion* de prédilection est la terre. L'enracinement du monde dans la terre semblerait engendrer l'immobilité parménidienne d'un monde limité qui n'a pas d'extérieur, où l'être est éternel, où le non-être est impensable, n'a pas de place, ne peut même pas être nommé. Un physicien adepte de raisonnements présocratiques pourrait avancer qu'il a été remplacé par l'être de la terre, qui est fermeture, retrait, dissimulation, oubli, réserve obscure, et qui peut être pensé. Des astronomes auraient pu objecter que dès lors qu'on pose l'existence d'une terre et d'un monde on admet celle d'un intérieur et d'un extérieur, donc d'un repère pour introduire l'opposition : immobile-mobile. L'immobile ne se baigne pas deux fois dans le même fleuve mobile, mais la barque mobile emportée par le courant du fleuve se baigne toujours dans le même fleuve en dérivant le long du rivage, nouveau mobile qui défile en sens contraire (nouvelle opposition : avant–arrière), tandis que ses passagers éventuels peuvent plonger toujours dans la même eau comme s'ils étaient au bord d'une piscine.

7. La science qui pense

Pour le physicien, l'artisan, qui ne connaissent que les étants, la science et la technique étant présentées en tant que dévoilements progressifs de choses cachées dans la « terre », la vérité dévoilement, événement qui surgit hors de son retrait où elle se tenait dissimulée mais prête à éclore, existe bel et bien à sa façon: qu'on l'appelle ou non pensée, elle fait référence à la boîte noire. On peut voir l'image acquise de l'objet, la chose déjà surgie, comme une sortie de la boîte interrogée à une entrée. Certes, si la terre est une boite noire fermée sur l'environnement interne, le philosophe qui pense, l'artiste qui produit une oeuvre, ne poseront pas la même question à l'entrée que le physicien ; ils ne se préoccuperont pas de l'interroger pour savoir «comment ça marche », ou « pourquoi ça ne marche pas», car «telle n'est pas leur vocation» ; ne sachant pas si « ça » existe, ils demanderont : «Qu'y-a-t-il, qui est là?» En cas de réponse positive : «O merveille ! Il y a donc quelque chose plutôt que rien, qui se dissimulait...» Mais la terre ne peut pas se passer du monde ouvert, environnement externe, qui l'affronte dans une lutte dont l'oeuvre est l'enjeu disputé, que la terre produit à l'intérieur de la boîte noire, et que le monde installe (chapitre 8. 1) à l'extérieur : production et installation sont les caractères de son être[60].

Pourquoi l'œuvre est-elle l'enjeu d'une lutte ? C'est là, pour Heidegger, à son «tournant», la question de l'origine de l'oeuvre d'art (d'où ça vient), qui n'a rien à voir avec la destination de la chose (à quoi ça sert), la réponse étant la vérité dévoilement, différente de la vérité adéquation scientifique.

Mais c'est aussi la question de l'origine de l'œuvre scientifique, qui est elle aussi différente de la destination de la science («l'honneur de l'esprit humain !» selon l'ambition du mathématicien Jacobi). «La science exige le concept de chose[61]» : il est son origine. Elle crée sans arrêt des choses-idées, elle s'en sert comme outils pour rechercher l'explication. Elle a commencé modestement, magiquement, par : atomes crochus, vertu dormitive de l'opium, puis s'est perfectionnée peu à peu. Exemples : cause, force, champ, énergie, entropie, information, intrication, évolution. Elle a aussi besoin de concept des choses observées par les sens avec l'aide d'instruments amplificateurs : électron, quantum, quark, ADN, etc. ; couples matière-forme, produits supports de choses conçues comme des oeuvres. L'explication est la vérité provisoire, concordance incomplète de la chose observée aujourd'hui avec le concept de chose qui vient à l'esprit, rejetable à tout moment pour être remplacé par un autre qui l'habille mieux. Chose sans explication n'est que ruine du concept de chose. La technique, allant au plus près du but recherché pense l'explication minimum la plus proche des sens, mais elle pense aussi : la main est mouillée par l'eau, cette matière rafraichit sans plus, l'homme recherche un objet naturel puis artificiel qui retient l'eau ; la forme creux retient assez d'eau pour étancher, le produit écuelle retient l'eau et imite le creux de la main.

Mais avant d'être un produit, un objet expliqué par la science, la chose tout court, rappelle Heidegger, ce qui est quelque chose plutôt que rien, c'est une pierre, un bout de bois, regroupant un ensemble de qualités descriptives qui constitue un noyau de la chose, la matière fondement immuable de la chose, que les Grecs appelaient : *hypokeimenon,* ce qui est placé dessous ; que les Romains ont traduit (et trahi), par : *subjectum* qui est devenu : sujet ; les qualités descriptives que les Grecs appelaient : *ta symbebikota* devenant des prédicats[62].

---

[60]HEIDEGGER M. : *L'origine de l'œuvre d'art,*1931 trad Martineau, p. 29.
[61] MEYERSON E. : *De l'explication dans les sciences,* ch 1 Payot 1921.
[62]HEIDEGGER M. : *Chemins qui ne mènent nulle part,* Gallimard 1962 p. 21.

Le concept de chose est la chose réduite au support de ses qualités ; il ne saisit plus le fondement, le dessous, il «insulte la chose en son être[63]» ; il «tombe sur ce qui est chose», produit ou œuvre, qu'il essaie d'escamoter ; mais c'est la vue de la chose, le bruit qu'on entend, qui fait dire : c'est une *Mercedes* ; c'est un avion dans le ciel, le vent dans la cheminée. Voici pourtant comment Huxley décrit un enchaînement de concepts de choses dans *Contrepoint*[64], roman dont les personnages sont des idées : Lady Tantamount organise une réception musicale dans sa demeure ; l'onde émise par l'orchestre au rez de chaussée chemine dans la maison, monte à l'étage, envahit le cabinet de travail du scientifique Lord Edward, pénètre dans son oreille, active la chaine d'osselets, déclenche une onde electrique dans les neurones, créant un complexe de synapses dont la mémoire à long terme reconnaît la figure, et l'homme murmure extatiquement : – «Bach !» Le concept, pas la chose, il n'a pas nommé l'origine : – «Clarinette !» Ou plutôt, détourné vers le monde par la culture il ne pense ni à la chose ni à son concept mais à l'art, à sa vérité, dévoilement. À la fin du concert, les auditeurs bavardent, les deux vérités dévoilement et adéquation aussi : «l'algèbre dansa follement, la musique s'arrêta dans une orgie de réjouissances mathématiques» Aujourd'hui encore je regarde la couverture de ce livre, je dis : «Van Gogh !». Ma mémoire a rappelé au présent un musée que j'ai visité à Amsterdam il y a trente ans. Mais mon premier contact a été une gravure achetée à la boutique du Musée du Louvre en 1945 : j'ai «choisi un célèbre tableau»[65] : la nuit étoilée sur Saint-Rémy en Provence a été mon choix. J'y ai distingué une lumière éclatante et multicolore dans le ciel et le monde mais non aspirée par la terre, des spirales ne provenant pas des étoiles mais de l'atmosphère, peut-être des nuages ; elles ont engendré sur le champ à la sortie de ma boîte noire (mon cerveau) le modèle quantique de l'atome de Bohr de 1913 : la mémoire à long terme a fait surgir dans ma tête une image artificielle qui n'a certainement jamais traversé la tête de Vincent. Adéquation grossière, détournement d'image, la chose interprètation de l'être comme matière informée, encore une insulte à l'être, aggravée par l'erreur d'information.

Voici donc un philosophe qui pense qu'Archimède-La-Science parti prendre un bain, plongé dans l'eau, sentant que son corps est soulevé, voyant que l'eau déborde des thermes, court mais ne pense pas, sans

---

[63] *Ibid.* pp. 23,24.
[64] HUXLEY A. : *Contrepoint,* ch 2 et 4.
[65] HEIDEGGER M. : *op. cit.* p. 33.

doute pas plus qu'Achille, car telle n'est pas leur vocation, celle d'Achille (le héros, pas l'argument) étant aussi de courir, et vite. Et qui dit : «C'est le propre de leur essence, d'une part qu'ils dépendent de ce que la philosophie pense, d'autre part qu'ils oublient eux-mêmes et négligent ce qui exige là d'être pensé»[66]. Soit, Archimède ne pense pas, mais il crie : *Eureka* ! Il court nu vers sa maison, accompagné dans son dévoilement corporel par une vérité dévoilée : l'événement surgi hors de son retrait est la mémoire d'une balance soulevant son corps par le poids sur l'autre plateau de l'eau qui déborde ; puis le lourd-léger, l'image d'une couronne en or suspectée de contenir de l'argent. La physique danse follement, la poussée du liquide est accouchée dans une orgie de concepts nouveaux. Mais la science et la vitesse, oubliant l'être, vont contre la mémoire. Achille-Archimède vit pleinement le moment présent, il oublie même le passé immédiat dont le poids alourdit son pas, sa hauteur dans la baignoire. Il est un étant, courant d'ici à là, vers son domicile, qui a oublié l'être, demeuré en retrait ici, impensé.

À y regarder de plus près cet Achille, sinon impensant peut-être ne pensant pas beaucoup, et surtout pas à l'être qui est le temps si ce n'est pas le temps de la science, symbolise, plutôt que l'oubli, la mémoire humaine à court terme dont on a mesuré les limites, lourdes de conséquences, de sa capacité : moins d'une dizaine d'éléments, retenus pendant quelques dizaines de secondes, plutôt en séquence et situant des relations spatio-temporelles de l'étant : devant derrière à gauche à droite en haut en bas avant après. Son «oubli» n'est pas négligence, mais transfert occasionnel de son contenu, rafraîchi en temps voulu, à la mémoire à long terme elle-même illimitée, où s'élabore «ce qui exige là d'être pensé», rêvé, dont la Tortue est un assez bon représentant : le disque dur d'un ordinateur aussi, activé par un logiciel adéquat, dans un autre contexte.

Achille qui ne pense pas ou peu n'est au surplus alourdi d'aucune imagination. À quoi rêverait-t-il ? Il a commencé par rêver d'un cheval plus rapide courant sur la glèbe qui l'aspire pour le retenir, avant d'utiliser un train roulant sur un chemin de fer posé sur un ballast perméable à l'eau de pluie ; de conduire une voiture automobile sur des chemins goudronnés où il lui arrive de s'embourber ; de monter, sur le tarmac d'un aéroport,

---

[66] *Entretien avec le professeur Richard Wisser* in : Cahiers de l'Herne, « Heidegger », p. 95.

dans un aéroplane s'élevant en l'air sur un matelas de tourbillons descendants.

Le créateur de chacun de ces artefacts de transport, points de rencontre entre un milieu intérieur (la terre : retrait, d'où ça vient, comment ça marche ? comment aspirer un monde, le retenir ?) et un milieu extérieur (le monde : surgi d'où ? sur quoi ça repose ? sur la terre ? à quoi ça peut servir et à qui ?) a été obligé de penser, puis d'imaginer et même de rêver : arrivé tard dans un monde trop vieux, il part de ce qui existe pour proposer du nouveau.

Herbert Simon distingue de la science de la nature ayant pour but de la comprendre, une science ou un art de la conception en vue d'atteindre un autre but, une science de l'artificiel.

Elle ferait «violence aux choses» en voulant y mettre de la raison ? Elle les empêcherait donc d'être, les choses seraient arraisonnées par la technique ? La violence, s'il y en a, ne vient que de ce but humain, de la fin, marque subjective de l'homme, de sa volonté de puissance, pas de la conception : «Le poteau indicateur reste dans son rôle en ne faisant jamais la route lui-même[67]».

---

[67] MICHAUX H. : *L'époque des illuminés*, in : Qui je fus, Gallimard 1927.

7. Trop plein vs Trop vide.

À propos de la vérité scientifique : adéquation entre les résultats d'un modèle et des constatations expérimentales, Henri Atlan avance l'idée que les progrès de l'informatique numérique nous mettent en présence d'un trop plein de bons modèles concurrents d'un phénomène complexe comme l'évolution climatique, ou les modèles économiques : la conséquence en serait une sous-détermination des théories par les faits observés, [68] susceptible de ce fait d'interprétations différentes : au lieu de la vérité, une vraisemblance opposée à d'autres vraisemblances...A contrario, j'ai eu l'occasion de décrire (IC ch.8) un phénomène d'une importance certes infiniment moindre, mais familier, qui a donné lieu à un trop plein de commentaires sans base, et a fait l'objet de quelques calculs théoriques, dont le plus complet cité ci-après datant de 1954 n'a fait l'objet d'aucun calcul numérique, faute de moyens mais aussi d'intérêt, bien qu'il ait été confronté dès 1956 à des expériences effectuées pour savoir si le phénomène ainsi théorisé se produisait ou non et dans quelles conditions : au trop plein signalé plus haut on peut opposer ici une insuffisance flagrante de résultats à comparer, aussi bien expérimentaux que théoriques, faisant face à un trop plein de discours, qui ont présenté de ce fait une certaine ressemblance avec les discours présocratiques. La situation qui en découle mérite les commentaires qui suivent.

Ce chapitre commence par rapporter dans l'esprit de ce livre un extrait d'article de Wikipedia : il résulte de l'activité d'internautes rapportant des travaux ayant déjà fait l'objet de publications dans des revues scientifiques. Il est suivi d'appréciations diverses. On voudra bien pardonner l'emploi indispensable de notions élémentaires de mécanique des fluides, et de quelques termes techniques, réduits au minimum...

---

[68] ATLAN H. : *La Science contaminée*, in : De la Fraude, Le Monde de l'ONAA, Seuil, 2010, p. 269

1.Description et historique

Un corps placé dans le voisinage d'un écoulement de fluide peut lui faire subir une déviation avant qu'il s'en détache pour suivre une trajectoire différente de celle qu'il suivait en amont : cet effet est banal si le corps est un obstacle interposé, ou s'il a la forme d'un coude (*agkon*) concave (*anagké :* coude tout autour [69]) dont les parois guident l'écoulement par nécessité : coude parfois creusé par le flot lui-même en érodant ses parois si elles sont fragiles, comme le méandre d'un fleuve qui construit ses berges.

L'**effet Coandă** (du nom de son inventeur, l'ingénieur roumain né en 1886 Henri Coandă; mais l'historique ci-dessous précise son origine ancienne) est le résultat de l'attraction d'un jet de fluide par une paroi solide **convexe** voisine : le fluide en suit la surface sans nécessité apparente,   et subit une déviation avant de s'en détacher avec une trajectoire différente de celle qu'il avait en amont.

Un effet Coandă très simple peut être observé en approchant tangentiellement du corps arrondi d'une bouteille le flux d'air d'un sèche-cheveux, qui est dévié en la contournant.

Le phénomène a été signalé à l'attention de la communauté scientifique dès 1800 par le physicien britannique Thomas Young [70] dans les termes suivants :

« La pression latérale qui attire la flamme d'une bougie vers le flux d'air d'un tube de soufflage (de verrier) est peut-être exactement la même que la pression qui aide la déviation d'un courant d'air près d'un obstacle. Marquons l'impact produit par un mince filet d'air à la surface de l'eau. Mettons un corps convexe en contact avec le bord du filet, et la place de l'impact montrera aussitôt que le courant est dévié vers le corps ; et si le corps est libre de se mouvoir dans toutes les directions, il sera attiré vers le courant. »

En tête de ces quelques lignes Young a énoncé la condition nécessaire d'existence du phénomène : l'existence d'une pression latérale qui attire.

Henri Bouasse[71], professeur de physique à l'Université de Toulouse, a repris en 1930 les expériences dont le principe avait été esquissé par

---

[69] CASSIN B. : *op.cit.* p. 57.

[70] YOUNG T., "*Outlines of Experiments and Inquiries respecting sound and light*' in Proceedings Royal Society of London 16 janvier 1800

[71] BOUASSE H. , *Tourbillons* tome II (Delagrave PARIS, 1931) p. 341-347

Young. Bouasse précise que si un objet arrondi dévie le courant gazeux en l'attirant vers lui, le courant gazeux attire le corps arrondi, avec une *force* égale à la variation de la quantité de mouvement produite par la déviation du jet, en vertu du théorème d'Euler qui est l'application à un fluide en mouvement de la mécanique de Newton. Pour un observateur situé à l'extérieur, comme l'expérimentateur, le courant gazeux attiré subit une accélération centripète, d'où une force centripète (la pression qui attire) dirigée vers le centre de courbure du corps arrondi. Pour un observateur qui tournerait avec le flux gazeux, l'attraction qu'il exerce sur le corps est perçue subjectivement comme l'effet centrifuge d'une force fictive n'existant que pour cet observateur tournant, due à sa rotation.

Ce phénomène a été appliqué pour la première fois par l'ingénieur Henri Coandă : dans ses applications un gaz est émis par une fente mince dont une paroi est prolongée par une série de facettes planes de longueur croissante qui divergent progressivement de l'axe de la fente : le jet se réattache à la paroi après chaque discontinuité, il est ainsi progressivement dévié, en association avec une diminution de la pression à la paroi.

En 1965, un colloque est consacré à l'effet Coandă, aux couches limites et aux flux (jets) sur des parois à forte courbure[72]; il inaugurait une série de conférences européennes de recherche en mécanique et s'est tenu à Berlin les 5 et 6 avril 1965. Cette manifestation organisée par R. Wille & H. Fernholz, limitée à une quarantaine de personnes invitées en raison de leur intérêt actif pour ce sujet a été conçue comme un atelier de discussion et de travail, sans valeur officielle ni publication d'actes. Selon le rapporteur de la discussion orale K. Gersten, une seule communication faisait état de flux sur des parois à courbure vraiment forte, produisant ou non l'effet Coanda suivant les cas, mais en donnait une explication par un calcul de couche limite jugé inacceptable[73].

L'existence d'un effet Coandă est un exemple de petite vérité, un détail dans l'histoire des sciences : il aurait pu arriver que tout le monde s'en fiche : cela n'a pas été le cas, elle a envahi la *doxa*.

L'effet Coandă réalise un phénomène de mécanique des fluides dont l'existence signalée depuis plus de deux siècles a d'abord été ignorée, mais sur lequel est venu se greffer un phénomène de société : un large

---

[72] WILLE R., & FERNHOLZ, H. (1965). *Report on the first European Mechanics Colloquium, on the Coanda effect* in Journal of Fluid Mechanics, 23(04), pp. 801-819

[73] KADOSCH M., *"The curved wall effect"* in 2nd Cranfield Fluidics Conference, Cambridge 3 janvier 1967

public a pris l'habitude d'appeler « effet Coandă » des phénomènes manifestement distincts, mais très faciles à produire dans un environnement familier : cuisine, salon, jardin, en faisant couler de l'eau ou en soufflant dans un tuyau, qui ont pour effet de dévier le jet produit.

2. Conditions de production de l'effet Coandă

Les principaux phénomènes susceptibles de dévier un jet sont décrits ci-après ainsi que les conditions de cette déviation. La plupart des applications envisagées, notamment dans le domaine de l'aéronautique, des drones, impliquent un nombre de Reynolds plutôt élevé: 10^6, rapport entre les forces d'inertie prépondérantes dans le jet et les forces de viscosité développées le long des surfaces environnantes dans la zone dépressionnaire engendrée : l'écoulement est turbulent, et peu modifié quand ce nombre de Reynolds varie. Le comportement à très bas nombre de Reynolds: 100 à 1000, en régime laminaire a aussi été étudié.

En présence d'une paroi convexe voisine, le jet subit la déviation appelée « effet Coandă » qui peut être obtenue de deux manières :

• jet libre : en approchant du bord du jet un corps présentant une paroi convexe ou une paroi plane formant un angle avec le jet ou une suite de parois planes divergentes ou une paroi arrondie : le jet est dévié, mais il se propage à nouveau en ligne droite quand on écarte le corps convexe ; P. Poisson Quinton, aérodynamicien de l'ONERA, a proposé de désigner cette *action* exercée sur un jet par un verbe : « coander », plutôt que par un substantif ;

• jet pariétal : en munissant l'orifice du jet d'une paroi convexe la prolongeant, ou encore en fixant un corps convexe près de son pourtour : le jet est alors toujours dévié si l'effet Coandă se produit..

Si l'orifice du jet est prolongé par une paroi continue courbe: un arc de cercle de rayon r, on obtient une configuration simple, qui se prête à un certain nombre de calculs comme de mesures expérimentales, permettant de déterminer dans quelles conditions l'effet Coandă se produit ou ne se produit pas en réalité : question qui apparemment n'a pas retenu l'attention des croyants (*coanda-believers*) qui ne se la posent pas. Les phénomènes observés dépendent principalement du rapport r/h entre le rayon de courbure r imposé au jet suivant la paroi et la largeur h du jet : la courbure relative h/r détermine le gradient de pression transversal (la « pression latérale qui attire » de Young) appliqué au jet.

Un calcul effectué dès 1954 par L.C. Woods en supposant le fluide parfait[74] tend à prouver qu'en l'absence de viscosité il peut se produire une déviation d'un angle quelconque fixé d'avance, aussi grand qu'on veut, et quelle que soit la courbure relative h/r, mais que l'écoulement théorique calculé est physiquement impossible au point final où le jet quitte la paroi, la répartition des pressions y ayant une pente infinie. Une déviation réelle peut se produire dans des conditions rendant possible le détachement du jet de la paroi : avec un fluide réel, même si sa viscosité est très petite (air submergé dans l'air, eau submergée dans l'eau) ces conditions sont celles du détachement de la couche limite existant le long de la paroi, soumise à une différence de pression longitudinale égale à la différence de pression transversale avec la pression ambiante produite par la courbure, puisque le jet finit par se détacher à cette pression ambiante retrouvée.

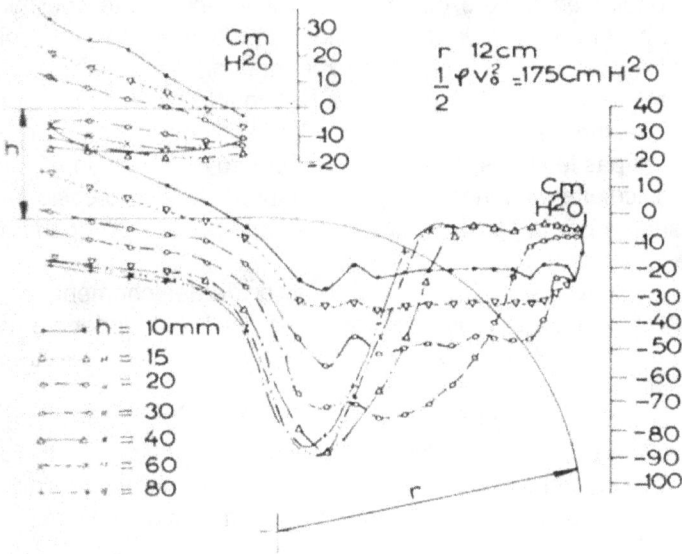

Fig 2. Mesure de la pression le long d'une paroi de forte courbure déviant ou non un jet par effet Coandă

[74] WOODS L.C. : *Compressible subsonic flow in two-dimensional channels with mixed boundary conditions*, in : Quart. Journ. Mech. And Applied Math., VII, 3, p. 263-282, 1954

Des expériences faites en 1956 pour vérifier ces prévisions théoriques, menées à un nombre de Reynolds de 10^6 (fig 2 ci-dessus) montrent que le gradient de pression transversal qui s'installe quand le jet suit la paroi courbe s'établit sur une petite longueur de paroi correspondant à un angle d'environ 9 degrés, et qu'il en est de même de la longueur de paroi sur laquelle cette pression remonte jusqu'à la pression ambiante où le jet se détache[75]. Si le jet ne suit la paroi que sur cette vingtaine de degrés au total, on n'observe que ces deux effets locaux.

Une déviation supplémentaire intermédiaire qu'on peut valablement qualifier d'effet Coandă proprement dit se produit à une pression sensiblement constante à la paroi, si le jet suit la paroi sur un angle supérieur à 20 degrés. Un effet Coandă véritable est alors observé quand le rapport r/h est supérieur à 2 (fig 2).

On peut calculer dans ce cas selon Woods l'écoulement théorique supposé se produire en dehors de la couche limite pour une courbure relative donnée h/r et pour l'angle de déviation, au moins égal à deux fois 9 degrés, dont l'existence a été constatée expérimentalement (fig 3).

Le calcul qui était impossible à l'époque (le National Physical Laboratory sollicité l'a effectué pour une seule valeur des paramètres, malheureusement pas les bons) est très facile aujourd'hui avec un tableur ou même une calculette : il donne la répartition théorique des pressions à la paroi représentée par la figure 3, qu'on peut comparer à la répartition expérimentale mesurée (fig 2).

De plus on peut évaluer par un calcul grossier de détachement de la couche limite l'ordre de grandeur de cet angle, qu'il fait dépendre du nombre de Reynolds et du rapport r/h, et le comparer à l'angle expérimental point de départ du calcul (fig 3).

Ces résultats partiels datant de soixante ans ont fait l'objet des calculs et mesures de répartitions des pressions ci-dessus reproduits de (IC, ch 8, fig 16 et 19), récemment publiés[76] . Des mesures supplémentaires seraient souhaitables, ainsi qu'un calcul de couche limite plus élaboré.

---

[75] KADOSCH M. : *Déviation d'un jet par adhérence à une paroi convexe* in : Journal de Physique et le Radium, avril 1958, Paris, pp.1-12A

[76] KADOSCH M. (2015) *Coanda et le jet qui soulève les aeronefs* in: Illusions créatrices, CreateSpace & Kindle, pp. 91-112

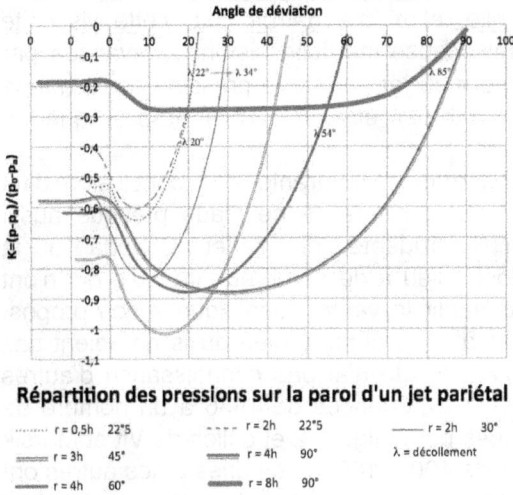

Fig 3. *Répartition sur une paroi circulaire des pressions du jet pariétal de la figure 2*

D'autres mesures expérimentales effectuées à basse vitesse ont prouvé que l'effet Coandă ne se produit pas en régime laminaire, et que le rapport critique r/h auquel le jet se sépare sans effet Coandă augmente fortement au-delà de 2 dans les applications où le nombre de Reynolds :

Re = vitesse x h/viscosité cinématique, est petit :

jusqu'à r/h =7 si Re = 500, r/h=8 si Re=300, et r/h = 20 si Re=100.[77]

Il convient de traiter avec prudence cette concordance apparente entre un résultat expérimental, et un calcul basé sur un modèle de représentation conforme très élaboré, des hypothèses de fluide parfait éloignées de la réalité, et une évaluation sommaire du décollement de la couche limite : conditions insuffisantes pour conférer un brevet de scientificité à la conclusion d'une prédiction théorique vérifiée par la mesure. Ce serait se livrer à l' illusion créatrice d'un résultat pressenti mais pas encore démontré en toute généralité.

---

[77] VIT T. et MARSIK F. : *Experimental and Theoretical Study of Heated Coandă Jet*, in : XXI° International Congress of Theoretical and Applied Mechanics Warsaw, Poland, August 15-21, 2004

Cette concordance conforte assurément l'explication initiale par une *cause inertielle* de l'effet Coandă, non pas produit par la viscosité, mais bien au contraire limité par elle, et même détruit par cette viscosité lorsque la «pression qui attire», cause inertielle historique avancée par Young, augmente avec la hauteur du jet, et que la pression égale que la couche limite doit surmonter finit par être trop forte et provoque un décrochage du jet de la paroi.

Cela dit, passer d'une concordance apparente à la conclusion d'un accord entre l'expérience et le calcul serait à ce stade presque aussi aventureux que l'attribution imprudente de l'effet Coandă à la viscosité : l'effet Coandă a donné lieu à de nombreux travaux, qui n'ont presque jamais eu pour but d'établir la vérité scientifique à son propos, cette vérité paraissant évidente à leurs acteurs bien qu'ils ne soient pas d'accord entre eux sur son contenu. Je n'ai pas connaissance d'autres expériences probatoires que les expériences de 1956 à un nombre de Reynolds égal à 10^6 représentées par la figure 2 et celles de Vit et Marsik autour du nombre de Reynolds de 100 à 1000 ; les unes et les autres ont été faites sur une paroi circulaire, qui n'avait pas à l'origine pour objet d'étudier la cause ni la nature de l'effet Coandă, mais s'y prêtait : c'est ce qui a permis d'explorer au moins en partie le cas où l'effet ne se produit pas.

Au bout d'un siècle de recherches intenses dans un domaine qui commande le développement de l'aviation, et de la navigation à voile, la vérité scientifique à propos d'un phénomène élémentaire, signalé il y a plus de deux siècles par Young avec une explication élémentaire, n'est toujours pas établie avec la rigueur nécessaire pour rejeter nombre d' explications magiques avancées entre temps, parfois par des spécialistes compétents, mais qui en cette occasion se sont contentés d'observations sommaires.

Il serait donc souhaitable qu'on dispose de valeurs expérimentales complémentaires, pour tracer un diagramme fiable de l'angle de déviation en fonction du rapport h/r, pour une série de valeurs du nombre de Reynolds... et pour établir l'extension du domaine où un « effet Coandă » existe vraiment, et ses propriétés, qu'on l'utilise ou non : c'est l'intérêt pratique d'une vérité scientifique.

Les mesures citées ont été effectuées il y a bien longtemps, alors que personne ne les avait demandées, qu'elles ne répondaient à aucun programme, dans une société en pleine réorganisation pour étudier et construire d'autres appareils : elles ont servi à occuper un personnel qui s'apprêtait à partir ailleurs. Il est possible que des contradicteurs mettent en doute le sérieux de mesures faites dans une ambiance aussi précaire. Le matériel et la méthode originale de mesure, décrits en détail dans la référence citée en note[78] , permettaient de mesurer la pression sur la paroi en continu. Voici au surplus mon témoignage personnel : ce n'est pas moi qui ai fait ces mesures, c'est sur mes instructions un agent technique modeste mais très adroit nommé Jean Liermann : il a quitté la SNECMA en même temps que moi en 1956, lui pour le Commissariat à l'Energie Atomique, où il s'est spécialisé en métrologie, et a fini conservateur au Pavillon de Breteuil du Bureau International des Poids et Mesures ; en d'autre termes gardien de l'être de l'objet artificiel : « mètre international en platine iridié », à fin déterminée, bien que remplacé officiellement depuis 1960 par la longueur d'onde dans le vide d'un rayon orange du krypton 36 ; une case dans le tableau de Mendeleiev, concept de chose qui insulte la chose.

Les mesures ont été refaites et vérifiées à Berlin par H. Fernholtz, qui n'a pas publié les siennes. Il s'est contenté de réaliser les parois circulaires de différents rayons en maquettes de bois percé de quelques trous, qu'il a eu l'amabilité de me montrer lors du Colloque de 1965 à Berlin.

4. Intermezzo: précision et certitude

Cela dit, la précision d'une mesure n'est pas un gage de certitude, et encore moins de vérité.

Appelons Pos_0 le nombre de possibilités (également probables pour simplifier) d'un phénomène avant qu'on l'ait observé et fait une mesure, et Pos_1 le nombre de possibilités après, nombre réduit à 1 si la mesure fournit une certitude, et une vérité si le mesureur a réussi à lui accorder un sens dans sa conception du monde.

Il existe un rapport étroit entre la précision d'une expérience et l'information, qui contribue à lui donner un sens. Par définition l'information I obtenue dans une expérience est donnée dans ce cas par la formule :

$I = k \ln (Pos_0/Pos_1)$ (k constante de Boltzman),

ou $I = \log_2 (Pos_0/Pos_1)$ en bits.

Par exemple, si la poussée P d'un turboréacteur monté sur un banc d'essais est mesurée avec une balance graduée en décanewtons de 1 à 10000, l'erreur absolue possible faite en la lisant est la largeur d'une

---

[78] KADOSCH M. :*Mécanisme de la déviation des jets propulsifs*, in   Bulletin n°124 Scientifique et Technique du Ministère de l'Air, Paris, 1959.

graduation qui représente 1 décanewton. L'erreur relative est : $1/P$. Le nombre de valeurs possibles de P mesurables par cette balance est : 10000. C'est la précision Pr de cette expérience. On l'augmentera en augmentant le nombre de divisions : elle sera double si une division correspond à 5 newtons. L'information obtenue en mesurant la poussée est : $I = k \ln Pr = \log_2 Pr$ en bits.

Mais cette information identifiée à la précision est sujette à caution. Son incertitude vient par exemple de la possibilité de lectures erronées dues aux fluctuations thermiques de l'appareil : si elles sont supérieures à la largeur d'une division de la graduation, la précision porte sur une information entachée d'incertitude.

Ajoutons-y l'incertitude provoquée par l'ignorance de l'environnement : un turboréacteur est un moteur aérien, alimenté dans un environnement variable par de l' air dans lequel on brûle un carburant : si p est la pression atmosphérique et t la température ambiante en degrés Celsius de cet environnement, sa poussée varie comme : $p/\sqrt{(t+273)}$.

Si l'expérimentateur le sait, ou si on lui a demandé de faire comme s'il le savait, il va téléphoner pour connaître la pression et la température de l'air dans la station météo la plus proche, et opèrera une correction pour annoncer une poussée normalisée, rapportée à une atmosphère standard (p = 760 mm de mercure et t = 20°C) : mais il aura mesuré autant de poussées non corrigées possibles que de conditions différentes à la station, voire davantage si un microclimat ou une rafale est susceptible de rendre les conditions locales différentes de celles de la station : son information sera diminuée d'autant.

Ajoutons-y l'ignorance tout court, si on a oublié ou négligé d'instruire l'expérimentateur des lois de la thermodynamique : l'assimilation d'un modèle scientifique reconnu lui permet au contraire d'augmenter son information en tenant compte de propriétés globales de l'environnement.

5. Confusions

Des expériences de déviation de jet d'eau par une paroi convexe sont souvent rapportées et la déviation est qualifiée à tort d'« effet Coandă » ; ni Coandă, ni Bouasse, ni Young n'ont fait état d'expériences avec de l'eau, seulement avec de l'air, bien qu'ils aient sans doute remarqué eux aussi que le jet d'eau du robinet suivait la paroi convexe des ustensiles de cuisine et que le liquide coulant d'un récipient dont le bec verseur est trop gros dégouline le long de ce bec. Ce phénomène a été étudié en grand détail par C. Duez et al, qui l'appellent : « effet théière »[79] La tension superficielle de l'eau empêche son mélange avec l'air ambiant, et crée une attraction du jet d'eau par la surface de l'obstacle sur laquelle il vient s'étaler si elle est mouillable. Une pression inférieure à la pression atmosphérique s'installe alors à la paroi de l'obstacle dans des conditions très différentes de celles décrites dans le cas d'un gaz. Si la paroi est convexe, une force d'attraction mutuelle entre l'obstacle et le jet d'eau dévié se produit, perpendiculaire à la paroi, équilibrée selon C. Duez par une force d'adhésion capillaire qui forme un ménisque de raccordement reliant la surface mouillée au jet d'eau. Ce ménisque présente une courbure vers le jet, en sens inverse de celle trouvée par L.C. Woods dans son calcul de l'effet Coandă pour un fluide sans viscosité et sans tension de surface. La déviation d'un jet de liquide par une paroi convexe, « effet théière », est donc produite par des phénomènes différents de ceux qui produisent la déviation d'un jet de gaz.

---

[79] DUEZ C. *et al*, « *Wetting controls separation of inertial flows from solid surfaces* », in : Physical Review Letters, vol. 104, 084503, 2010

8. Ce n'est que sur terre qu'on ment.

L'œuvre d'art a donné lieu à un très grand nombre de commentaires sur son <u>origine</u> dont les détails les plus marquants seront rappelés. Je n'ai pas pu les lire en totalité (ah l'internet des objets, blogs compris !) : mon intention se limite, d'une part à y ajouter quelques détails non mentionnés, d'autre part à rendre hommage au modeste parolier dont un soir tragique de 1940 je me suis rappelé l'humble refrain, titre de ce chapitre, en écoutant un discours péremptoire.

Pourrait-on généraliser à d'autres arts, et si possible à tous, une part de ce qui a été dit de la musique dans l'ouvrage précédent cité (IC, ch. 17), notamment de son but ? Commençons par explorer cette hypothèse, en substituant au mot «musique» les mots «œuvre d'art» dans le texte cité :

L'œuvre d'art est un moyen de communication puissant, un media qui apporte du plaisir et qui suscite aussi des résonances chez ses spectateurs mais sa conception n'intéresse comme public qu'une partie de l'humanité.

Il existe des œuvres d'art et chacun de nous ne reconnaît que celles qui parlent à sa sensibilité, à son univers : l'œuvre d'art est porteuse de significations virtuelles que chacun active à sa façon, y compris l'artiste.

N'étant pas moi-même artiste je ne peux que tenter d'identifier des illusions créatrices qui ont pu diriger un artiste, d'explorer son environnement interne, et n'être témoin externe que de l'art qui me parle.

Un groupe humain tend à se différencier par une langue, expression de son identité. La bonne santé de cette langue reflète celle de la communauté qui la parle : le plus souvent elle n'est pas écrite, elle est un code par lequel les contes, les remèdes, les recettes, les proverbes, les us et coutumes, les connaissances acquises par ce groupe se transmettent, ou disparaissent avec lui. La parole actualise le code, elle fait passer la langue de son état virtuel de code à une réalité. Elle ne peut naître que de la destinée d'une population : pas d'un esperanto, pas d'un logiciel robotique.

Partant de là, peut-on imaginer un artiste peintre ou sculpteur inspiré par une illusion créatrice ; par des contraintes qu'il s'impose ? Pourrait-on parler de peinture dionysiaque extravertie, faisant jaillir du chaos des formes originelles, violentes, Olympia, Guernica, entrer en transe, se libérer de son moi ? Ou au contraire glorifier une peinture apollinienne introvertie, peindre l'ordre, la sérénité, la contemplation religieuse, ou sinon déclencher des scandales, qui n'ont pas manqué dans ces arts ?

J'ai pu interroger deux musiciens. Je ne connais aucun peintre en activité. Alors qui ? Hitler, un tagueur...

1. Origine de l'œuvre d'art

Cet exposé préalable n'est pas contredit en apparence par les propos du philosophe Martin Heidegger, penseur de la modernité et de la technique qui est un mode de dévoilement de l'étant, dont la thèse sur la question de la technique et de ses objets a été mentionnée au chapitre 6. Son exposé sur *l'origine de l'œuvre d'art* a été rendu public à partir de 1935. L'environnement externe de ces œuvres d'art à cette époque doit être décrit en tant que tel, en vue d'interpréter les propos du philosophe, qui ont suscité des controverses élargissant le débat à ses thuriféraires, disciples et contradicteurs. Il propose la piste suivante à la fin de son exposé :

«Tout art est essentiellement poème ... Tous les arts : architecture, sculpture, musique, doivent être ramenés à la poèsie» qui tient une place essentielle car elle a le pouvoir d'opérer l'éclaircie de l'être. La langue est le lieu du combat entre la réserve de la terre et l'éclaircie du monde : «le monde reposant sur la terre veut la dominer parce qu'il s'ouvre, il ne tolère pas d'occlus ; la terre aspire, en tant que reprise sauvegardante, à faire entrer le monde en elle et à l'y retenir», ... «installant un monde et faisant venir la terre, l'œuvre est la bataille où est conquise la venue au jour de l'étant dans sa totalité, c'est à dire la vérité [80]».

La langue, le code qui raconte l'étant ; pas le langage, outil du subjectif qui permet à l'individu d'exprimer ses idées : voilà qui simplifie le problème. La *parole* : un poème, actualise ce code. Le *poème*, pris dans

---

[80] HEIDEGGER M. *L'origine de l'œuvre d'art*, in : Chemins qui ne mènent nulle part, Gallimard, 1962, pp. 81, 82 et 52,61

son sens grec doit s'entendre ici «création», mise en œuvre de la vérité, son instauration, qui est à la fois inauguration, fondation et don (d'un surcroît de donné)[81]

Tentons d' «éclaircir» chez Heidegger au fur et à mesure son vocabulaire pour saisir au moins une partie de ses propos.

On traduit par «éclaircie» de l'être, du monde ou de la clairière un mot allemand qui ne signifie pas lumière, mais libération, ouverture. Son sens est proche en français de celui de *l'éclaircie forestière,* qui consiste à pratiquer une coupe d'arbres pour libérer en les dégageant les arbres vigoureux qu'on garde, favoriser au passage un apport de lumière au sol, la création de clairières, sans pour autant supprimer l'ombre de la forêt, ni même la nuit à son heure : pas de lumière sans l'éclaircie de la clairière, pas d'étant, qui ne peut advenir qu'en pleine lumière dans l'ouvert, dévoilé par l'être, qui demeure voilé dans une réserve. L'être qui attire vers la terre obscure lutte contre l'étant qui va vers l'éclaircie pour oublier la réserve d'où il vient. Cette éclaircie-là étant humaine est un bel exemple d'objet artificiel aux fins multiples. Le poème a le pouvoir de libérer l'être, d'ouvrir le monde.

Le Monde de Heidegger est l'ensemble des étants qui s'offrent à la désignation de la parole, qui sont nommés : il y en a qui sont des ustensiles, des objets artificiels, et d'autres qui font voir l'être : ceux là seuls sont des œuvres d'art à ses yeux.

Heidegger qui n'a pas mentionné là la peinture, tient à ramener ces quelques arts à un seul : le Poème, pour promouvoir la langue ; alors qu'il est fort loin d'avoir énuméré tous les arts, ne serait-ce qu'en se limitant à l'art contemporain de son époque datant de presque un siècle qui avait foisonné en application anticipée de ses concepts, et en ignorant l'explosion plus récente d'œuvres d'art de toutes sortes. Elles ont surgi du renoncement au but antique : la beauté, et de l'utilisation des innombrables outils mis à disposition de l'artiste par la modernité, la science et la technique. Les évoquer nous entraînerait beaucoup trop loin : mettant entre parenthèses la postmodernité, tenons-nous-en à l'univers connu du philosophe en 1931, date de son «tournant», pour répondre à notre question initiale.

Revenons au début de son exposé : voulant trouver l'origine de l'œuvre d'art, il voit que cette œuvre est d'abord une *chose.*

Si l'œuvre d'art est une chose, pourrait-on demander, où serait-elle alors ? Pas dans le manuscrit de la musique, qui garde le silence. La

---

[81] *ibid*, p. 84

musique n'existe qu'exécutée. L'œuvre musicale, la danse, un tableau, ne sont pas des choses, mais des événements : en regardant un tableau sans le voir, sans créer un événement, nous percevons la chose, pas l'œuvre d'art.

Après examen, Heidegger reconnaît dans le couple *matière-forme* la meilleure détermination de la chose à laquelle l'œuvre donne forme ; il décrit aussi bien la chose de la nature que la chose d'usage : la matière renvoie au but assigné, tandis que l'œuvre d'art renvoie à elle-même. L'art est la mise en œuvre de la vérité, par et dans l'œuvre, celle-ci représente l'être des choses. Mais l'étant est toujours le produit d'une fabrication.

Quel objet est donc une œuvre d'art ? serait-il un objet artificiel ? Heidegger distingue la <u>chose</u> de l'œuvre, et place entre les deux le <u>produit</u> qui n'est ni la chose ni l'œuvre. La <u>chose</u> simple est un être-à-portée-de-la-main, qui apparaît dans son manque-à-disposition. Il y a un artisan, qui <u>produit</u> en vue de l'usage, et un artiste, qui agit pour faire advenir la vérité, telle que le philosophe la conçoit (chapitre 6. 5). Heidegger assigne à l'œuvre la <u>fonction</u> de dévoiler la vérité, mais veut identifier son origine et non sa destination, son but : elle offre les conditions qui permettent à la vérité d'advenir. L'œuvre ne réalise pas un but : elle <u>contient la vérité</u> du produit, son être, elle l'abrite, de telle sorte que la vérité est un phénomène qui advient, qui surgit du coté de celui qui la contemple, qui écoute la musique, qui regarde le tableau, la statue, qui entend le poème : ce qu'il dit et ce qu'il ne dit pas, dans le silence entre les mots. Soit : le but de l'œuvre est alors <u>ce qu'elle fait</u>, ici faire en sorte que la vérité puisse advenir. L'origine dévoilée est devenue le but.

Mais Heidegger pense <u>l'être</u>, pas l'œuvre d'art, et rejette cette vue comme trop subjective. Il y a bien un artiste, qui agit pour produire la vérité, mais le génie de l'artiste n'existe pas, il n'est que le «berger» de l'être. Par rapport à l'œuvre l'artiste est comme un <u>catalyseur</u>, dont la trace du passage disparaît lors de la création. La vérité advient dans l'oeuvre d'art par la pensée, la <u>vérité</u> est un <u>événement</u> qui surgit hors de son <u>retrait</u> (*a-léthéia*) elle n'est pas la <u>vérité adéquation</u> produite par la science, qui est l'exploitation d'une région du vrai déjà ouverte, la domination de cette « éclaircie » où la vérité rayonne ; et ce ne serait pas n'importe quelle science, pas celle qui prône la destruction de la terre originaire, la fission nucléaire ; certainement pas l'agriculture motorisée qui a envahi la réserve de la terre, les tracteurs qui passent dans les sillons du laboureur.

Choisissons quelques exemples dans les pratiques de l'art moderne, qui ont pu inspirer ces concepts plutôt qu'être inspirées par eux, n'ayant été exprimés qu'à partir de 1931 :

La beauté, but antique, est vue comme un simple mode d'ouverture de la vérité, mais l'art en est venu à répudier ce but. Andy Warhol met en œuvre et dévoile par sa démarche une vérité : les lois du marché, de la publicité, de la communication, la répétition du produit. L'art est ramené au produit ; l'artiste et son œuvre, le créateur et l'objet artificiel en apparence ne font qu'un, mais où est le but, sinon dans la mise en œuvre de ce produit ?

N'importe quel objet fabriqué peut être élevé à la dignité d'œuvre d'art, simplement en étant désigné comme tel : c'est la démarche du *ready made* inaugurée par Marcel Duchamp, par exemple en signant un urinoir comme œuvre d'art sous le nom : «Fontaine».

Débarrassons l'art de toute intention : aucun but, l'œuvre d'art ne répond pas à la définition de l'objet artificiel, il est autoréférentiel . Magritte peint un tableau sans autre signification que ce qu'il donne à voir : «Ceci n'est pas une pipe». En effet : ceci est un tableau. Kossuth expose cinq mots en néon orange sous le titre : «Five words in orange neon». Il présente côte à côte : une chaise, sa photo, et la définition d'une chaise recopiée d'un dictionnaire. John Cage compose : «4'33"», un morceau composé de trois mouvements, joué en silence par un pianiste pendant quatre minutes trente trois secondes : ce qu'il donne à entendre c'est l'écoute des bruits dans la salle de concert, qui font du silence une véritable musique.

Autre concept originaire érigé en but : l'installation, l'intégration de l'œuvre dans un lieu : exposition, musée, collection ; la mise en situation de techniques d'expression et de représentation avec une participation du spectateur modifie le rapport entre l'œuvre et son public. L'œuvre est définie, pensée, en fonction du lieu qu'elle occupe, l'œuvre-lieu installe un monde. L'installation est une ouverture du monde. Mais elle-même n'est pas de l'art.

Dirons-nous qu'une œuvre est une interface entre un environnement interne : dévoiler la vérité (abritée dans une boite noire : la terre), et un environnement externe, dont l'installation : le monde, est un exemple ? L'artiste Kaprow parle d' «environnement» pour qualifier ses productions, telles que le *happening*, intégrant à l'œuvre des installations comme des mises en situation du spectateur, présentées sous le nom générique d'*art performance* qui couvre un grand nombre de nouveautés contemporaines de Heidegger : dada, surréalisme, futurisme, Bauhaus, et de plus récentes comme le *body art,* le situationnisme ; le temps, l'espace, le corps sont ses outils de base. L'intention générale, s'il en est une qu'on peut appeler but, semble être d'infiltrer l'environnement externe, de l'impliquer, au lieu que l'artiste seul conçoive et crée un objet artificiel pour un but humain déterminé auquel il le confronte.

On pourrait y retrouver la création collective d'une religion par une foule en passant par un meurtre collectif (IC, ch. 13. 3), le rôle du créateur étant tenu par le modèle médiateur d'un désir initial transformé en violence. Les rituels qui s'ensuivent sont l'origine lointaine de l'art performance.

Ces tendances vont aussi dans le sens du souci qui pousse Heidegger à ignorer la subjectivité, à s'en détourner, à dénoncer une pensée occidentale dit-il, qui oublie l'être, dont la parole poètique est seule à pouvoir dire le sens. Elle ne connaît plus que l'étant : celui de Platon et de Descartes, où l'esprit se tourne vers le monde et les choses en relation avec les fins qu'il s'est assigné à lui-même, toute chose devenant ce que nous avons nommé un objet artificiel, et que Heidegger appelle l'être-à-portée-de-la-main ; où l'esprit se détourne de la contemplation du monde, et des choses. En mettant de la raison dans le Rhin sommé de produire de l'électricité en passant à travers des turbines, on instrumentalise le fleuve, et on dissimule l'apparition de son être, son éclosion phénoménale, éclairée par le poème de Hölderlin : *Le Rhin* .

Toute chose serait devenue un outil. Pourtant chaque chose est, et cet être confère à l'étant un sens, avant qu'il ne soit dissimulé par les attributs définissant l'étant. L'art est apparu pour remplir la fonction d'éclairer l'étant par la clarté originaire de l'être, qui est l'événement à la fois d'une manifestation et d'une dissimulation. L'être se retire pour préserver l'événement de son apparition : la lumière crue aveugle. Heidegger évoque l'image de la clairière assiégée par l'ombre de la forêt : l'obscure clarté qui en émane prépare l'éclaircie de la clairiére.

Le chercheur qui explore le pied d'un réverbère dont c'est la lumière, plutôt que celui d'un phare où l'on ne voit rien, éprouve un sentiment semblable s'il y distingue les contours d'une révélation encore obscure. «En allumant un réverbère on fait naître une étoile de plus, en l'éteignant on endort l'étoile», dit le Petit Prince. L'art allumeur de réverbères éclairant l'œuvre d'art, seule capable de dévoiler ? «Il s'occupe d'autre chose que de lui-même. [82]» Mais le chercheur, lui, est resté dans la subjectivité.

---

[82] SAINT EXUPÉRY A. : *Le Petit Prince,* Gallimard, 1946, p. 57

Avant d'aborder les exemples d'application de ces vues à l'œuvre d'art, exprimons un certain malaise à propos des images évoquées par le philosophe dans sa quête de l'être, illustrée par des descriptions poètiques.

L'éclaircie de la clairière et l'ombre de la forêt sont peut-être, dans le « langage » ordinaire, des phénomènes de la nature, mais en aucun cas le champ labouré, le sillon, quel que soit l'*ustensile,* motorisé ou non, utilisé : ni plus ni moins que la rue pavée des villes. Il faut de moins en moins de terre pour faire pousser un grain, même pas de sillon, le toit d'un gratte-ciel, les terrains vagues de la ville peuvent suffire.

Le champ cultivé, comme le toit du gratte-ciel depuis peu, est un objet artificiel, un être-à-portée-de-la-main, une matière mise dans une forme, une chose qui apparaît dans son manque-à-disposition : la rue aussi.

2. Des godasses

Venons-en aux exemples que le philosophe présente à l'appui de sa thèse dans le texte : *L'origine de l'œuvre d'art*[83], qui reproduit une conférence donnée en novembre 1936, publié en 1949 au début d'un recueil intitulé : *Chemins de bois* (de bûcheron), traduit improprement par : *Chemins qui ne mènent nulle part.* Le chemin tracé du bucheron mène quelque part : à une clairière, un fourré, une forme de but, mais le promeneur ne sait pas où il mène ; le but est dissimulé. Un chemin mène toujours quelque part : on ne sait pas où mènera celui qu'on crée à coup de machette dans la jungle, mais il <u>sera</u> son but : l'origine contient la vérité dissimulée du but, qu'elle dévoile. Même une impasse mène quelque part : à l'entrée du chemin emprunté. Voyons les exemples.

Un temple grec s'élève dans le paysage dont il dévoile le caractère sacré. L'environnement du temple est ce que le philosophe nomme : « la terre, le ciel, les divins et les mortels ». Le temple est sanctifié par la statue du dieu qu'il contient et l'espace sacré qui le limite. Il ouvre un monde qui s'appuie sur lui, et repose sur un rocher qui l'enracine dans ce que le philosophe a nommé <u>la terre</u>. Mais l'environnement d'un temple grec est aussi <u>le ciel</u> pur de la Grèce et sa lumière : on n'ira pas le visiter un jour de pluie.

---

[83] HEIDEGGER M *op. cit.* p. 44

Un exemple plus significatif a été présenté auparavant : c'est une méditation sur un des nombreux tableaux où Vincent van Gogh a peint de vieux souliers. On n'en sait rien par Van Gogh lui-même, sauf le titre par lequel le tableau est désigné : «Vieux souliers aux lacets». Cela semble être le nom d'un plat nommé dans un menu : «bifteck aux spaghetti», qui évoque la figure de Charlot dont les souliers ont été magnifiés en œuvre d'art dans le film : *La ruée vers l'or*. Ils y sont transcendés en un repas pour vagabond affamé : les semelles mangées comme des biftecks avec une garniture de lacets engloutis comme des spaghetti, en suçant les clous comme des osselets. Mais Van Gogh n'a pas connu Charlot, ni ce film, ni le cinéma.

Heidegger voulant expérimenter ce qu'est en vérité le produit, qu'il a placé entre la chose et l'œuvre, prend comme exemple «une paire de souliers de paysan[84]». Ensuite il déclare qu'à titre d'illustration il «choisit un célèbre tableau de Van Gogh», dont il a dit précédemment (la succession des dires est significative) qu'il «représente une paire de chaussures de paysan» et «voyage d'exposition en exposition[85]» : donc un produit. Il enchaîne : «l'être-produit du produit réside en son utilité ... le produit sert à la paysanne aux champs qui porte les souliers». Le paysan est devenu paysanne, passons. Mais «tant que nous nous contenterons de regarder sur un tableau de simples souliers vides qui sont là sans être utilisés, nous n'apprendrons jamais ce qu'est en vérité l'être-produit du produit[86]... Autour de cette paire de souliers de paysan il n'y a rien où ils puissent prendre place...même pas une motte de terre, une paire de souliers de paysan et rien de plus. Et pourtant (*und dennoch*)...»

Et pourtant, Heidegger entonne soudain un péan pathétique célébrant la paysanne :

« ... Dans l'obscure intimité du creux de la chaussure est inscrite la fatigue des pas du labeur. Dans la rude et solide pesanteur du soulier est affermie la lente et opiniâtre foulée à travers champs, le long des sillons toujours semblables, s'étendant au loin sous la bise. Le cuir est marqué par la terre grasse et humide... À travers ces chaussures passe l'appel silencieux de la terre, son don tacite du grain mûrissant, son secret refus d'elle même dans l'aride jachère du champ hivernal. À travers ce produit repasse la muette inquiétude pour la sûreté du pain, la joie silencieuse de survivre à nouveau au besoin, l'angoisse de la naissance imminente, le frémissement sous la mort qui menace. Ce produit appartient à la terre et

---

[84] *Ibid.* p. 32
[85] *Ibid.* p. 15
[86] *Ibid.* p. 33

il est à l'abri dans le monde de la paysanne. Au sein de cette appartenance protégée, le produit repose en lui-même... en sa disponibilité. C'est elle qui nous révèle ce qu'est en vérité le produit[87]».

Nous appelons *vérité* un jugement qui l'oppose à la fausseté, à l'erreur. Le philosophe l'appelle dans le sens du mot grec *a-lethéia*, qui l'oppose à l'oubli, au caché : sa *vérité* est un dévoilement, une révélation, un rappel. Il y a quelque chose plutôt que rien, qui était dissimulé dans la boite noire figurant la terre : peut-être son «appel silencieux», ou pour un autre plus disert «ce qu'on croit dans la tombe et qui sort, ce qui renaît quand un monde est détruit»[88]: l'être-produit du produit, ce que l'œuvre fait, qui opère l'éclaircie de l'être, la mise en lumière, c'est «la poèsie ardente» ; de ce qu'elle convoque.

Jusqu'à présent il n'a pas été question d'art : ce qu'est en vérité l'être-produit du produit réside en son utilité, qui est sa disponibilté pour la paysanne : un fonctionnement digne de confiance. L'être-produit du produit réside alors dans le but dévoilé de l'œuvre, quelle qu'ait été son origine, celle de l'artisan, qui est ce que l'œuvre fait en réalité, ici selon l'auteur faire en sorte que la vérité puisse advenir : un combat entre l'éclaircie de l'être et sa réserve. Les chaussures du tableau font voir l'être et c'est par là qu'elles sont des œuvres d'art

Mais l'être-produit du produit qui réside dans son utilité, sa disponibilité s'il s'agit des souliers du tableau illustrant ceux du paysan-paysanne, a disparu par l'usage prolongé, les lacets défaits en témoignent. Souliers pour souliers, Heidegger eut été mieux inspiré de parler de sabots et de méditer sur ceux de l'angelus de Millet ou de ses glaneuses : son commentaire pathétique n'aurait soulevé aucune interrogation. Comparant au contraire ce que moi-même et mes semblables voyons dans le tableau de Van Gogh à ce que ce philosophe déclare y avoir vu, je ne peux m'empêcher de penser à ce que le savetier d'Apelle avait vu dans son tableau, selon Pline l'Ancien : «Pas plus haut que la chaussure !» lui avait ordonné cet autre grand peintre. Qu'aurait dit Van Gogh au philosophe, nous ne le saurons pas : il a souvent peint des vieux souliers mais n'a pas

---

[87] *Ibid.* p. 34. La *disponibilité*,(cf IC, Prologue p.11), fraction du temps pendant laquelle le fonctionnement du produit est digne de confiance, le produit-à-disposition n'est pas en panne, est proposée comme traduction de : *die Verlässlichkeit.* Cette confiance est un avatar commercial de la vérité . Elle diffère de la *fiabilité*, qui est la *probabilité* d'un fonctionnement correct. Elle implique le resserrement des lacets produisant la tension transmise des souliers aux pieds, la fiabilité de leur usage pour la marche.

[88] HUGO V. : *Stella, in :* Les Châtiments

dit pourquoi. Il n'a pas écrit : «Ceci n'est pas des vieux souliers», sous-entendant : «Ceci est un tableau».

Nonobstant Apelle, le soulier est un étant en relation avec d'autres par son usage : le pied, les lacets, la marche, le chemin, mais justement pas dans la vision de ce tableau de Van Gogh ; on ne sait pas d'où il vient, sorti de quel pied, où il va, on est tenté d'y voir une œuvre d'art autoréférentielle, sans signification ni but. Mais dans la vision du produit par Heidegger : des vieilles chaussures champêtres, l'œuvre contient la vérité du produit, son être-produit, ces chaussures enracinées dans la «terre» sont sanctifiées par les pas du labeur qu'elles ont contenus, elles révèlent la terre de sillons labourés en boustrophédon avant l'arrivée du tracteur. L'œuvre d'art fait éclore l'être de l'étant, ce qui fait éclore un horizon, ouvrir au monde de la paysanne, qu'elle révèle.

L'ennui c'est que Van Gogh a pris la peine de dire un jour à son ami Gauguin, qui l'a rapporté, ce qu'il ressentait en peignant ce genre de tableau, et quelles godasses il peignait : en aucune manière celles d'un paysan devenu paysanne par fécondation dans le ventre de la terre originaire, mais d'après Gauguin celles de Van Gogh lui-même qu'il a portées dans sa jeunesse pour aller à l'étranger (la Belgique) prêcher l'évangile dans les usines. Elles ont supporté les fatigues du long voyage d'un pélerin. L'œuvre d'art «choisie» comme illustration par le philosophe a donc de fortes chances de ne pas renvoyer à une clarté matinale de l'être dans la campagne, mais à la souffrance de l'artiste en errance en milieu ouvrier. Obsédé par l'être oublié, Heidegger voit les choses autrement :

«L'être-produit du produit a été trouvé. ... Nous n'avons rien fait que nous mettre en présence du tableau de Van Gogh. C'est lui qui a parlé ...l'œuvre d'art nous a fait savoir ce qu'est en vérité la paire de souliers. Ce serait la pire des illusions que de croire que c'est notre description, en tant qu'activité subjective, qui a tout dépeint ainsi pour l'introduire dans le tableau. Avant tout, l'œuvre n'a nullement servi comme il pourrait sembler d'abord, à mieux illustrer ce qu'est un produit. C'est bien plus l'être-produit du produit qui arrive, seulement par l'œuvre et seulement dans l'œuvre à son paraître[89]»

«Ce paraître de l'être-produit n'aurait pas lieu dans un ailleurs que l'œuvre d'art pourrait illustrer en y renvoyant, il a lieu, proprement et seulement en elle, dans sa vérité même», commente Jacques Derrida, appelé au débat ; «ce n'est pas en tant que chaussures-de-paysan, mais en

[89] HEIDEGGER M op. cit. p. 36

tant que produit ou en tant que chaussures comme produit que l'être-produit s'est manifesté[90]»

3. Oeuvre ou produit ?

Heidegger choisit un célèbre tableau, pour illustrer un produit en tant que produit et non en tant que tableau, l'appartenance à un monde et à la terre. Mais alors pourquoi avoir choisi une peinture ? demande Derrida. Pourquoi pas directement la chaussure-de-paysan ? De quoi s'agit-il au moment où intervient la prétendue illustration : l'interprétation de la chose comme matière mise dans une forme domine la théorie esthétique de l'art ; ne serait-ce pas à partir de la chose comme œuvre ou comme produit que ce concept se serait constitué ?

Selon Heidegger, le produit (chaussures) a sa place intermédiaire entre la chose, et l'œuvre (tableau), bien que l'œuvre ressemble davantage à la chose pure et simple ne renvoyant qu'à soi : le noyau placé dessous (*hypokeimenon* aristotélicien, *sub-jectum*, sujet). Selon Derrida, chacun de ces trois modes d'être passe au dedans puis au dehors de l'autre : comme un lacet passant et repassant dans l'œillet de la chose : de dedans au dehors et inversement, sur la surface externe et sous la surface interne et vice versa, de sorte que l'oeuvre peut être vue aussi comme un produit.

Fort bien, mais avant de «choisir» un tableau, «au cours de cette interrogation sur le produit comme matière informée, l'exemple de la paire de chaussures survient dans le texte au moins trois fois <u>avant et sans la moindre référence à une œuvre d'art, qu'elle soit picturale ou autre</u>», en même temps qu'une cruche, qu'une hache, donc comme produit réel. «En tous les cas, cet exemple se passe très bien pendant de longues pages de toute référence esthétique ou picturale[91]».

Faute d'avoir trouvé un témoignage irrécusable de Van Gogh lui-même déclarant d'où viennent les chaussures du tableau et «ce qu'est en vérité la paire de souliers», on pourrait penser à la fin du film : *Le Faucon Maltais*, où un flic demande quelle est la matière de la statuette de faucon que les protagonistes se disputent et finissent par casser, et où Humphrey Bogart lui répond en citant Shakespeare (IC, ch. 1.6) : c'est encore bien mieux des godillots du tableau et de «ce qu'ils sont en vérité» pour

[90] DERRIDA J. : *Restitutions de la vérité en pointure*, in : La vérité en peinture, Flammarion, Champs, 1978, p. 337
[91] *ibid.* p. 338-339

Heidegger, puis pour ses nombreux contradicteurs, qu'on pourra dire comme le magicien Prospero qu'ils sont «de la matière dont les rêves sont faits » : une illusion collective créatrice de visions de tous ceux qui ont regardé le tableau, chacun à sa façon, l'illusion de Heidegger lui-même étant d'avoir cru voir s'introduire «la pire des illusions» précisément. Exemple saisissant d'illusion créatrice du poème de l'être, de la terre, de son appel silencieux, du «combat entre la réserve de la terre et l'éclaircie du monde», faisant suite à l'illusion créatrice d'une activité supposée introduite sous le pinceau du peintre, l'enracinement des souliers dans la glèbe : à croire que la subjectivité évidente de Van Gogh a engendré chez Heidegger, s'il est sincère, une hallucination subjective, fantasmatique, inconsciente, correspondant à ses croyances. Mais en 1936 a-t-il vraiment été sincère ?

Un débat curieux s'est élevé à propos de la conférence de Heidegger sur l'origine de l'art prononcée en novembre 1936 et mentionnant Van Gogh. Il en est résulté à terme une controverse interminable, qui perdure, opposant un grand nombre de personnages réputés sérieux, dont les propos sont rapportés dans l'Internet des objets : ils ont donné lieu à une conférence à NewYork en 1977, un polylogue du philosophe Jacques Derrida suivi d'un débat, qui a même été reproduit dans une pièce de théâtre jouée à Genevilliers en 2013 ; on peut aussi trouver dans Internet une autre pièce de théatre fictive racontant cette histoire, déjà lue à Valence en 1993[92], avançant l'idée que le cœur de la question, des discussions soulevées par l'interprétation de ce tableau est d'ordre politique. L'affaire se présente donc avec la structure temporelle d'un récit (IC, ch. 1.2) et mérite d'être présentée d'abord sous cette forme.

ACTE I : Heidegger, Sujet désirant ne lui déplaise, tente d'atteindre un objectif : concevoir et retrouver l'origine de l'œuvre d'art, au bénéfice d'un Destinataire ((IC, ch.1.3) : l'ensemble de ses disciples et auditeurs, et si possible de membres du parti nazi dans leur disposition d'esprit en 1936 ; but et utilisateurs qui lui sont proposés par des Médiateurs qui lui ont désigné l'objectif, et l'on mis en mouvement dès 1931, savoir : un «tournant» opéré sur son œuvre précédente Etre et Temps, puis son adhésion au parti nazi . Le Sujet rencontre sur son chemin des Opposants : incompréhension de son discours par les nouveaux dirigeants, incompréhension de l'art par les nazis, l'empêchant de prendre ses exemples dans l'art moderne, dont on n'a aucune raison de penser qu'il le

---

[92] http://www.jmsauvage.fr/arts/martin-heidegger-et-l'origine-de-l'oeuvre-d'art

rejetait ; il accomplit l'action à l'aide d'Adjuvants : des souliers de paysan, et introduction en contrebande d'un artiste moderne, Van Gogh, en contournant les obstacles culturels créés par le pouvoir en place à l'aide d'un être-produit de produit.

ACTE II : La publication de la conférence après la guerre en 1949 provoque de nouveaux Opposants : des experts en peinture, auxquels répondent d'autres Adjuvants : les disciples et thuriféraires du philosophe ; et d'autres Sujets, qui écrivent la suite du récit.

Heidegger a dit lui-même qu'il «choisit un célèbre tableau de Van Gogh qui a souvent peint de telles chaussures» : un tableau montrant «une paire de souliers». Faute de mieux, je choisis de rapporter l'histoire dans l'ordre chronologique, ce qui a pour effet de suggérer une autre version des faits, à propos de laquelle je prends le risque d'être traité de « paysan du Danube » ; mais d'un bout à l'autre de cette affaire, la possibilité demeure que la raison : *post hoc ergo propter hoc* égare le jugement vers la création de pistes illusoires.

PROLOGUE 1880 : Van Gogh est un peintre célèbre qui a été inspiré par ses contemporains et a inspiré à son tour l'expressionnisme. Il a peint plus de deux mille toiles, dont il parle dans de nombreuses lettres écrites à sa famille, mais il n'y parle pas de la douzaine de tableaux où il a peint des souliers. Certes il a beaucoup peint les champs, et la foulée à travers champs de paysans et de paysannes, ainsi que des scènes et portraits de ce monde paysan comme «les mangeurs de pommes de terre». Au surplus il a écrit : «Je suis un peintre de paysans...c'est là que je me sens dans mon milieu». Mais il a peint aussi souvent des scènes et des personnages du monde de la ville, d'où le débat : qui est le propriétaire de ces souliers, dont l'identité met en cause la vérité dévoilée par l'art.

ACTE I : 1931 : au «tournant», Heidegger écrit *l'origine de l'art*, première version non publiée : pas de Van Gogh, seulement un temple grec.

1933 : il se retrouve dans la «pensée» nazie, identifiée par erreur à la sienne, puis déchante, les nazis ne le comprenant pas. Cette même année un expert en peinture nommé Goldstein est expulsé d'Allemagne et trouve refuge via Amsterdam aux États Unis, où il devient professeur à l'Université Columbia de New York. Politique des deux côtés.

1935 : Heidegger reprend la première version, donne une conférence mais toujours pas de Van Gogh.

Novembre 1936 : Van Gogh apparaît enfin dans une deuxième conférence. Heidegger repère «le produit en vérité : un soulier de paysan», choisit un célèbre tableau de Van Gogh comme illustration de ce produit, ne parle pas du contenu culturel, mais des images évoquées, qu'il prétend à l'origine de l'œuvre, dans des termes somme toute acceptables par le parti. Il n'est pas impossible que Van Gogh ait été introduit en douce, dans un climat délétère. Les nazis agréeront le temple grec, conforme à l'art allemand, et la paysanne aux champs, mais ils détestent Van Gogh, son expressionisme : Heidegger lui reproche son subjectivisme, mais il ne voit ici ni l'un ni l'autre. Dans l'optique nazie les souliers vieux et laids sont des godasses bonnes à jeter, rien d'autre, en aucune façon une œuvre d'art, sinon dégénéré. Mais Heidegger dit que Van Gogh peint leur intérieur où il prétend voir un champ. Heidegger se sent profondément paysan, il est à son aise dans ses chaussures.

Question d'ordre politique : en 1936 Hitler était au sommet de sa gloire civile, accepté et admiré par beaucoup, aveugles à sa brutalité ; le redressement spectaculaire de l'Allemagne impressionnait, les méfaits du nazisme étaient encore sous-estimés, voire méconnus, et on pensait que c'était peut-être temporaire : on attendait de voir comment les choses allaient évoluer en évitant de se compromettre. Devant les exactions, la réaction populaire était : est-ce que le Fuhrer est au courant ? On a connu ça en France aussi au temps du Maréchal. Mais Heidegger était plutôt à l'abri avec sa carte du parti.

Juillet 1937 : La propagande nazie a organisé à Munich une grande exposition présentant face à face : l'art dégénéré (Entartete Kunst), 650 œuvres des plus grands artistes de l'art moderne, entourées sur les murs de commentaires injurieux, qui ont été ensuite vendues ou brûlées ; et l'art allemand vantant la famille (blonde aux yeux bleus, nombreuse), le travail des champs et des usines, le corps athlétique en style néo-classique, et le combat. Deux millions de visiteurs furent attirés, la plupart par l'exposition de l'art dégénéré si l'on en juge par la longueur des files d'attente.

Le décrochage des cimaises des musées des œuvres d'avant garde ou au moins son annonce, et l'installation spéciale qui a dû prendre «un certain temps», ont dû avoir lieu au moment où Heidegger a prononcé en novembre 1936 sa nouvelle conférence sur l'origine des arts, où «après» avoir mis l'accent sur la chaussure de paysan, il a «choisi» de l'illustrer par un «célèbre tableau de Van Gogh» : «recours justifié d'abord par une question sur l'être-produit et non sur l'œuvre d'art. C'est comme en passant et après coup qu'on semblera parler de l'œuvre en tant que telle. Au point où Heidegger propose de se tourner vers le tableau il ne s'intéresse donc pas à l'œuvre, seulement à l'être-produit dont les chaussures –n'importe lesquelles- fournissent un exemple[93]». Il dit que les tableaux de ce peintre, gardien de leur être, sont des œuvres d'art, mais trouve le moyen de n'y voir que l'être-produit du produit : à l'intérieur de vieilles chaussures usées. Quelle signification donner à ce non-dit ? L'opposition ouverte étant suicidaire à partir de la nuit des longs couteaux, l'allusion profil bas était une nécessité. Heidegger qui n'était pas un opposant n'est pas allé plus loin. Son propos était de placer une vérité dévoilement face à la vérité adéquation bénéficiant du prestige de la science. En matière de vérité, le pouvoir en place qui opposait une science aryenne à une science juive, un art allemand à l'art dégénéré, aurait condamné la vérité de tout dévoilement non conforme.

J'ignore la contre-indication philosophique en vertu de laquelle on n'a pas retenu ce scénario hypothétique. Le témoignage de H. G. Gadamer ne le dément pas, et il a certainement dû venir à l'esprit de quelques intervenants : au moins Jacques Derrida, qui a connu et subi le climat de Vichy, de la Révolution Nationale et des nazis français sous occupation allemande ; mais il a préféré développer un long discours pour tout déconstruire : le tableau, le texte de Heidegger et celui des autres intervenants ; tout sauf Hitler, un fantôme.

ACTE II : 1945. Dénazification. Sous Hitler, en dehors des victimes, il y a eu en Allemagne quelques opposants et retournements de vestes finaux, beaucoup de silencieux terrorisés ; mais les nazis ont commis des crimes tellement abominables qu'on a du mal à imaginer l'existence de nazis «modérés». Pourtant le tribunal de Nuremberg n'a pas condamné à mort tous les accusés, il a décélé des nuances. On a admis l'existence de *mitlaufer*, de suiveurs, où l'on a classé Heidegger.

Concernant notre sujet, l'art moderne vilipendé était réellement exécré par le peintre Hitler, mais en marge de leur action publique, voire en cachette, on peut noter que Goering a «acquis» (bien mal) des tableaux de Van Gogh ; et Hiltler lui- même préférait La Veuve Joyeuse du juif Franz Lehar aux Walkyries de Wagner mais se gardait de le dire.

1949. *L'origine de l'œuvre d'art* est publiée à Francfort : Goldstein situe l'œuvre de Van Gogh évoquée à une époque où Van Gogh habitait à Paris, conteste son interprétation paysanne, fait part de ses doutes à son collègue à Columbia, l'expert américain Meyer Schapiro. Il meurt en 1965. Interrogé en 1965 par Meyer Schapiro, Heidegger lui dit avoir a vu ce tableau dans un musée d'Amsterdam en 1930 : c'est le tableau intitulé : «Vieux souliers aux lacets» reproduit sur la couverture de ce livre.

---

[93] DERRIDA J. : *op. cit.* p. 342

124

1968 : Meyer Schapiro produit une enquête d'expert, dont le style terre-à-terre contraste avec le lyrisme du philosophe[94]. La conclusion de son enquête est que Van Gogh a peint ses propres souliers alors qu'il habitait en ville, et que la paysannerie ne fait rien à l'affaire. Il publie son enquête en hommage à Goldstein.

ACTE III. : 1977. Arbitrage. Le philosophe Jacques Derrida, disciple et thuriféraire de Heidegger, est appelé à donner une conférence à New York en présence de Schapiro, à propos de laquelle il publie à la fin de son livre La vérité en peinture publié en 1978 ce qu'il appelle un «polylogue à n+1 voix-féminine», apparemment une reconstitution du débat entre n intervenants en présence d'une femme organisatrice.

Derrida intervient d'une manière qui n'est pas sans rappeler le Maître de Philosophie du Bourgeois Gentilhomme. Il consacre pas moins de 150 pages à déconstruire le débat en noyant le poisson dans un fatras de détails. Essayons de ne rapporter que ce qui a trait à des illusions créatrices d'interprétations du tableau.

Derrida fait de son mieux pour apparaître comme un juge impartial renvoyant dos à dos des plaideurs qui rappellent aussi les Plaideurs de Racine, par la minceur de la cause qu'ils défendent : l'interprétation de Heidegger est peu défendable, le juge avocat de son maitre s'en sort en fragilisant celle de son contradicteur, qu'on peut contester aussi. L'origine de l'œuvre d'art est un sujet qui mérite l'attention, mais des propos tenus négligemment à propos d'un tableau de Van Gogh, mis en cause par deux experts en peinture, les uns et les autres avec des arrière-pensées politiques et non artistiques, méritaient-ils que Derrida ait consacré un pavé de cette taille à la défense de son modèle, étendue à des considérations prolixes en très grande partie hors sujet de controverse, mais dans le sujet plus large de son livre traitant du parergon : les éléments, ornements ajoutés à l'œuvre, le cadre, la signature, etc...

Ainsi il s'étend longuement sur les lacets des souliers qu'il évoque sous diverses formes dont celle de chèques au porteur d'obligation de vérité (!) tirés sur deux sociétés à responsabilité limitée : une SARL Heidegger paysanne et une SARL Schapiro citadine. Des chèques barrés de deux traits séparant une chaussure de l'autre, ou figurant le cadre du tableau, qui le coupent de l'extérieur comme une boite noire[95]. Derrida récidivait : cette même année 1977 il avait publié tout un livre de 300

---

[94] SCHAPIRO M. : l'objet personnel, sujet de nature morte. À propos d'une notation de heidegger sur van Gogh, traduction publiée in Revue Macula 1978.
[95] DERRIDA J. : op. cit. , p. 320

pages intitulé : *Limited inc, a,b,c...* à propos d'une <u>SARL</u> imaginée[96] sur un sujet encore plus futile. Alors que Schapiro et Heidegger sont d'accord pour voir dans le tableau une paire de souliers : de Van Gogh lui-même pour le premier, de la paysanne pour le second, Derrida voit deux souliers du même pied : donc d'aucun sujet. Il revient à la démarche heideggerienne sur la chose et l'oeuvre, et le concept de chose qui lui est tombé dessus en insultant ce qui est chose dans la chose (cf ch. 6. 7.). En traduisant *hypokeimenon* par <u>sujet</u>, on a fait disparaître de ce sujet ce qui est <u>dessous</u>, le sol qui vient à manquer, le noyau de la chose. Le chemin de la pensée doit s'accorder «avec ce « sujet » en son lieu propre, avec son paysage, sa paysannerie, son monde, et cette chose qui n'est ni du sol ni du paysan mais entre eux, les chaussures». Et de qualifier en conséquence l'attribution des chaussures du tableau à un <u>sujet</u> : le paysan, ou Van Gogh lui-même, de «naïve, primesautière et précritique[97]». Devant la description pathétique de la paysanne par Heidegger, alors qu'on méditait sur l'origine de l'art, sur la vérité dévoilement, Derrida, ou l'un des n acteurs du polylogue, *pouffe de rire* : la chute de tension est trop forte, il croit se retrouver en pleine visite organisée de touristes qui descendent du car, dont il donne une description truculente ; il reprend toute la conférence de l'origine de l'art sur le mode du discours tenu par un guide local souabe, avec projections, sans oublier le japonais qui pose des questions en *aparte*. Il reproche au passage à Heidegger comme à Shapiro leur sérieux professoral : pourquoi n'ont ils pas déconstruit pour détendre l'atmosphère. On est à mille lieues du scénario sous croix gammée imaginé plus haut.

Le tableau est une boîte noire qui pose des questions de vérité. L'entrée de la boîte noire produite par le peintre représente (adéquation imparfaite) ou présente (dévoilement partiel) deux souliers dont les lacets ne sont pas noués. On devine qu'ils ont beaucoup servi à marcher.

---

[96] Dans un opuscule intitulé : *« Pour réitérer les différences* (l'Éclat), *réponse à Derrida »*concernant son interprétation de JL Austin, le philosophe américain J. R. Searle disciple de JL Austin, exprimait p.1 sa dette à l'égard de H. Dreyfus et de D. Searle pour la discussion de questions austiniennes, et p.3 expliquait que quand il assistait à un concert il communiquait avec son épouse par l'écriture, sur des bout de papier. Derrida a publié en réponse tout un livre guerrier intitulé : *« Limited inc, a,b,c... »* prétendument ironique (les 3 points sont signifiants) ; il imagine que J. R. Searle, H. Dreyfus qu'il dit connaître, et un certain D. Searle dont il demande : Qui est-ce ? auraient créé une SARL ! (lol) en éliminant les e muet de Searle. Derrida pouvait facilement vérifier dans les *acknowledgements* que D. était Mrs Searle qui se prénomme Dagmar : peut-être l'a-t-il fait, mais a tenu à développer son jeu de mots sur 300 pages, pas moins.

[97] DERRIDA J. : *op. cit.* p. 327

La sortie de la boîte noire est sujette à interprétation de ce qui se manifeste : l'être-produit du produit qui arrive à son paraître, et non des chaussures ; et pas vraiment l'oeuvre.

La sortie, vue par le visiteur, pourrait être aussi bien campagne que ville, parcourue par des pieds de paysan-paysanne au labeur dans les champs, ou de migrant prêchant l'évangile dans le Borinage ; ou la vue du peintre travaillant dans son atelier parisien. Quittons la politique pour la philosophie: le peintre a-t-il vu :

-des souliers présents, ne chaussant aucun pied, dont on ne distingue pas très bien de l'extérieur s'ils sont du même pied, comme le soupçonne Derrida, ou s'ils forment une paire de souliers pour pied droit et gauche comme Heidegger et les deux critiques d'art semblent le croire ; c'est à la sortie de la boîte qu'on peut deviner qu'ils ont longtemps été disponibles pour l'un de ces usages, pourvu que les lacets aient été noués ;

-des pieds absents, dans les *apeonta*, mais certainement noués à un tronc commun par nécessité si les souliers forment une paire (cf chapitre 5.1): un nœud qu'on ne peut dénouer que par la pensée, qui tient à l'être en interdisant le non-être. Mais le tableau ne présente ni ne représente aucune marche et ne fait que suggérer ; la sortie est dans le non-être : « C'est le même, être immobile et penser allongé sur le sol , ou debout au garde-à-vous, pour autant que la voie du non-être reste interdite : on ne bouge pas » laisse entendre un philosophe. Un autre lui répond : « Le non-être a un nom. Celui qui n'est pas dans le tableau a un être, que j'appelle: l'Autre. Il a des pieds. Il pourra bouger »

Doit-on considérer que le non-être ou l'Autre de pieds absents, l'être de souliers dont on ne sait à qui ils ont appartenu et pour quel usage, et l'être-pensée de lacets qu'on peut supposer accessible, forment un nœud borroméen[98] comme l'imaginaire, le symbolique et le réel chez Lacan ? Jacques Derrida dans son argumentaire a cumulé un tel nombre d'entrelacements de lacets et d' oeillets dans tous les sens qu'il doit bien s'en trouver qui répondent à cet objet. Il ne faut défaire que les lacets pour libérer les souliers, mais non des pieds noués à un tronc commun. On pourrait cependant dénouer deux pieds appartenant à deux individus différents, rattachés à deux troncs différents, cela qu'on ait affaire à deux souliers du même pied ou d'une paire. Imaginons deux pieds noués comme chez les forçats par une chaîne, dont l'ouverture libérerait en même temps des lacets enroulés autour, mais ils pourraient aussi bien

---

[98] BADIOU A. : *Le Poème de Parménide*, 6ème et 7ème cours.1985

être des pieds de paysans, de citadins, de vagabonds, tirant ou poussant ensemble un rocher, un véhicule embourbé, halant une péniche...

4. Le pays ou l'exil

C'est peut-être faire preuve à nouveau de subjectivité que d'adopter une vision attribuée au peintre, qui dirait que ces chaussures sont celles d'un vagabond, émigré, solitaire, qui a fui sa terre natale et qui erre dans une grande ville, d'un nomade ; et non celles d'un paysan-paysanne, attaché à la sainteté du travail de «la terre qui ne ment pas» : du moins le prétend-il-elle en tenant le langage-langue de Heidegger.

On se souvient de la parole qui l'a activé, écrite sur commande par le juif pacifiste Emmanuel Berl, prononcée à la radio le 25 juin 1940 par Pétain à l'adresse du peuple français : — «Ce n'est pas moi qui vous bernerai par des paroles trompeuses. Je hais les mensonges qui nous ont fait tant de mal : la terre, elle, ne ment pas. Elle est votre recours, ...Une jachère à nouveau emblavée, c'est une portion de la France qui renaît...» À nouveau la jachère : le bon apôtre. Par cette adresse, Pétain annonçait la signature d'un armistice : il stipulait le versement de quatre cent millions de francs par jour aux autorités allemandes, somme avec laquelle elles achetèrent entre autres une grande partie de la production de cette terre qui ne ment pas, jachères comprises, ne laissant aux français en liberté que des rutabagas menteurs, les bons et vrais produits que les paysans parvenaient à dissimuler, et ceux qu'on pouvait se procurer au marché noir avec de l'argent là où il en restait encore.

Selon que les souliers sont les sabots de la paysanne enracinés dans la terre, ou les godasses de l'émigré qui arpente le macadam de la ville, l'art dit la relation à la terre, ou au contraire l'exil de l'homme apatride : n'y aurait-il pas un enracinement entre les pavés d'une banlieue, où les grands voyages finissent au bout de la rue ? L'art ne révèle alors aucun être local, mais donne un sens à l'errance sans patrie en révélant à l'homme la souffrance de sa marche vers une terre promise toujours refusée : au lieu de l'enracinement, un déracinement imposé, la course vers un autre destin.

Les chaussures de Van Gogh nous font ressouvenir des émigrations, des expulsions, qui ont jalonné l'histoire. Elles nous conduisent à des paysages urbains désolés, à des rues sans nom. Elles ont oublié les chemins de campagne ou de forêt qui «s'arrêtent soudain dans le non frayé».

En recherchant la vérité dans deux visions opposées d'une paire de vieilles chaussures, c'est d'abord l'économie plutôt que l'art qu'on a rencontré, qui a révélé leur être-produit.

On a opposé le sédentaire agriculteur, Caïn, au nomade berger, Abel, qui se disputent le même territoire ; ou le paysan au marin, quand on voulait opposer aussi les territoires.

Le sédentaire agriculteur est introverti comme les crustacés : il se défend contre le hasard en s'enfermant dans son terrain. Il y édifie des structures à loisir hors du temps et privilégie les biens fonciers. Le sédentaire agriculteur est un être des stocks. La terre est un stock. Mais le voyageur qui le réapprovisionne de produits identiques gère lui aussi un flux stationnaire comme un stock, et recommence sans cesse le même voyage.

Le vrai nomade, berger ou marin, est un être des flux qui fluctuent avec une composante aléatoire : extraverti comme les vertébrés, être des lointains, il vit dans un système ouvert à tous les vents, qu'il scrute en permanence pour s'auto-régler ; il a besoin de biens liquides mis à disposition à tout moment. Le monde est un flux changeant.

Le paysan être des stocks dont l'art révèle la vérité à travers ses chaussures figure assez bien le modèle médiateur attaché à la terre travaillée, objet dissimulé de son désir. L'artiste est attiré par ce modèle qui lui révèle l'objet de son propre désir : la terre sous les pieds de ce paysan qu'il désire être tout en restant lui-même.

De même le nomade, être des flux figure le médiateur qui se croit attaché à une terre promise dans les lointains, là où l'herbe pousse : terre objet du désir du berger, transmuté en objet du désir de l'artiste par imitation du modèle de l'errant apatride déraciné ; mais le marin qui ne s'arrête nulle part est attaché, enraciné à l'eau : « hudatorizon » (Parménide, fr.15a) qui coule sous lui, avec lui quand il se laisse porter sans se déplacer par rapport à elle.

5. La terre et l'eau

Au moment même où Heidegger a écrit *L'origine de l'œuvre d'art*, par un concours de circonstances empruntant deux chemins tortueux qui se sont rencontrés puis séparés, une vérité dissimulée s'est dévoilée, a surgi hors de son retrait, prenant naissance dans un film populaire qui n'était assurément pas une œuvre d'art : on n'y a donc pas prêté l'attention qu'elle méritait.

Le Poème, création qui inaugure et fonde la vérité, y a émergé de paroles très humbles, accompagnant une goualante italienne larmoyante dansée par Vittorio de Sica en 1932, sur une musique de Cesare Bixio exploitant comme modèle médiateur un «tube» hongrois de l'époque : «Sombre dimanche». Le refrain : «Parla mi d'amore Mariu», connut un succès international, la chanson fut traduite dans toutes les langues. Sauf en français : le parolier André de Badet, saisi par la grâce, n'en a retenu que la fin du refrain : «Non pensar !» Il a eu l'inspiration de glorifier l'impensé, l'oubli de l'être et l'instant, dans la langue de Diderot plutôt que celle de Heidegger, reprenant à deux siècles de distance la querelle des Bouffons de 1753 entre sectateurs de la musique française mathématique de Rameau et de l'opéra comique italien de Pergolese, mais en sens inverse : sur un air italien populaire, il a prétendu parler d'amour en philosophant[99] . Il n'a certes pas construit ainsi une œuvre d'art sur l'équivalent musical de vieux souliers usés de paysan (comme le thème du laboureur dans *Les Saisons*, oratorio de Haydn), mais il a exprimé une vérité du monde du vagabond.

Lys Gauty, et plus tard Suzy Delair en ont popularisé le refrain :

> *Ne pensons à rien*, le courant
> Fait de nous toujours des errants
> Sur mon chaland, *sautant d'un quai*
> L'amour (peut-être) s'est embarqué
> Aimons-nous ce soir sans songer
> A ce que demain peut changer
> Au fil de l'eau point de serments :
> *Ce n'est que sur terre qu'on ment.*

En janvier 1933 à la veille de l'apocalypse, tout se passe comme si le parolier avait senti qu'il était temps de *quitter le quai*, l'*être* symbole d'un enracinement dans la réserve de la terre, pour sauter dans *le chaland qui passe* : apparence d'un déracinement, d'une errance, mais lieu d'enracinement d'une figure dans le courant de l'eau qui l'emporte.

---

[99] REYBAUD J. : *www. lalalala. org/chalandquipasse. html* 2007

Quelques mois après, Jean Vigo, cinéaste anarchiste, poursuivi par la censure qui avait interdit son film *Zéro de conduite*, se vit proposer par son producteur un scénario inoffensif, une amourette banale, à bord d'un autre chaland : *l'Atalante*. Que diable va-t-il faire de cette histoire de patronage ? — Ce que tu voudras, lui dit le producteur. Tout est à inventer. Malade et dans le besoin, Vigo accepte, et tourne un film onirique, lyrique et charnel : il s'affranchit sans peine du scenario insipide, remplit la péniche de chats de gouttière à la place d'un chien, modifie le découpage et improvise au fil de l'inspiration. Vigo a-til été influencé par la chanson à succès de Lys Gauty ? Les corps des errants suivent un moment l'action sans relief du scenario, mais l'amour qui sautant du quai a débarqué puis rembarqué est peint ici comme une vraie passion. Surréaliste, l'action avance sur une musique de Maurice Jaubert au rythme d'un accordéon qui allonge puis retrécit le temps comme une respiration : un voyage poétique se déroule au fil de l'eau sur la péniche que des spectateurs immobiles regardent passer depuis la berge : «*L'Atalante*», une vraie œuvre d'art, et même un chef d'œuvre. Vigo succombe à la maladie avant son exploitation publique en septembre 1934. Dès le lendemain de la mort de son auteur, le sort de *l'Atalante* fournit un exemple parfait d'illusion créatrice en vue d'attirer un public banal : censurée, élaguée, mutilée, saccagée par ses exploitants. La firme Gaumont, craignant que le film soit interdit comme le précédent de Vigo, procède à une autocensure de scènes d'anthologie susceptibles de provoquer une interdiction, et s'avisant que *l'Atalante* est aussi le nom d'une péniche, remplace sans vergogne le titre du film par « *Le chaland qui passe* », titre de la chanson de Lys Gauty, dont elle espère qu'elle attirera des spectateurs : romance introduite dans le film sans les paroles qui ne correspondent guère à l'action décrite et risquent de dérouter le spectateur. Elle substitue la musique sirupeuse au « *chant des mariniers* » de Maurice Jaubert, mais les retombées commerciales espérées ne se produiront pas : le film massacré est un *flop*. Plus tard, on tente avec de grandes difficultés de reconstituer l'œuvre d'art, que le public peut enfin admirer, tandis que les paroles du chaland passent, injustement oubliées.

Il y a plus de choses dans le ciel et sur la terre qu'il n'en est rêvé dans la philosophie d'Horatio : il y a l'eau et ses rêves. Le suisse Léonard Euler, mécanicien de fluides héraclitéens, êtres des flux, enraciné sur son quai à Bâle, au bord du lit où le Rhin se baigne, voit passer ce fleuve devant lui, s'évaporer, revenir par le ciel sur lui ou autour de lui, à sa source ou ailleurs, mais ce n'est jamais la même eau qui défile devant lui. Son disciple et successeur piémontais Joseph-Louis Lagrange, dérivant dans le chaland au fil de l'eau sur la Sprée ou sur la Seine qui valent bien le Rhin, emporte sa patrie sous la semelle de ses souliers : la péniche allant sur son erre se baigne toujours dans le même fleuve parménidien, enracinée dans le courant, être des stocks ; son passager garde les yeux fixés sur les mêmes objets flottants autour de lui comme des satellites, et il ne voit qu'en tant qu'autre le même peuplier renouvelé sur la terre qui passe devant lui et autour de lui, peut-être sous le même nuage s'il dérive embarqué comme lui : mais il ne garde pas un instant la même forme dans un ciel qui passe sur lui et autour de lui, où d'autres nuages passent sur lui en tous sens.

La terre ne ment pas ? Le ciel non plus peut-être ? «Le premier serment que se firent deux êtres de chair ce fut au pied d'un rocher qui tombait en poussière ; ils attestèrent de leur constance un ciel qui n'est pas un instant le même ; tout passait en eux et autour d'eux et ils croyaient leurs cœurs affranchis de vicissitudes. Ô enfants ! toujours enfants !...[100]»
Au fil de l'eau point de serments, ce n'est que sur terre, et dans le ciel au-dessus, qu'on ment.

---

[100] DIDEROT D. : *Jacques le Fataliste,* Booking International Paris 1993, p. 131.

9. Avatars de la mémoire

1. Mémoire préhistorique

Pour conforter son hypothèse sur l'origine du religieux archaïque (IC, ch. 13.5), René Girard est remonté à l'origine de l'humanité il y a des millions d'années dans une préhistoire n'ayant laissé aucune trace écrite : à défaut, il aura fallu que des traces subsistent dans le cerveau de l'homme en voie d'hominisation pour assurer la continuité de sa lente transformation par mimétisme.

Dans la conception animiste de la nature et du monde qui est peut-être la plus ancienne, le monde est peuplé d'un grand nombre d' «esprits» : êtres spirituels, bienveillants ou malveillants à l'égard des hommes, dont ils personnifient les tendances affectives, les émotions.

La thèse de Freud à propos de cette *Weltanschauung* est que le soi-disant «esprit» d'une entité : personne ou chose, voire société, se réduit à la «propriété» que possède cette personne ou cette chose en propre, ou cette collectivité, d'être présente, perçue par les sens, donc un stimulus sensoriel ; et par ailleurs de pouvoir faire l'objet d'un souvenir, ou d'une représentation (ou encore d'un rêve), lorsqu'elle échappe à la perception directe[101] : donc à exister aussi dans un autre état latent, inconscient, susceptible de surgir à n'importe quel moment.

Cet esprit véhicule ce que nous appelons de l'information ; peut-il indiquer dans quel ordre successif sont apparues les étapes du passage de l'animalité à l'humanité : la chasse, la domestication des animaux, le cannibalisme, les conflits, le langage articulé, le feu ? Dans quel ordre les religions, la magie, la sorcellerie, les superstitions, la croyance des hommes aux esprits, aux anges ?

Chacun de ces événements a dû se produire une première fois, il y a très longtemps, mais dans un ordre chronologique qui détermine en grande partie l'interprétation qu'on peut en donner. Ainsi la magie a-t-elle

---

[101] FREUD S. : *Totem et tabou, op. cit.* p. 144

fait son apparition avant ou après la religion ? Par quelles traces en décidons nous, quels souvenirs du passé, quelles mesures de dates, quelles interprétations de quels mythes ?

De toute façon, que la mémoire à long terme d'une personne ou d'une société ait retenu ou non un ordre chronologique, ce n'est qu'une propriété événementielle parmi d'autres, qui participe à sa structure de liste au sens informatique, structure qui provient du fait qu'elle travaille par association ou reconnaissance : chaque événement mémorisé peut être librement ajouté, retranché, ou pointer vers des événements déjà mémorisés, former une liste d'éléments qui s'enchaînent associativement.

Il existe diverses sortes de mémoires : à long terme, à court terme, épisodique, procédurale, affective, etc. Toutes ont pour base un recueil d'informations, provenant de l'environnement interne et de l'environnement externe de la personne ou de la société, transmises par le système sensoriel, et subissant un traitement particulier d'adaptation, pouvant varier dans le temps.

Ces informations enregistrées en mémoire sont traitées à la manière d'un «système de production» qui fournit les conditions autorisant une action, traitant les informations par des stimuli appropriés de la forme :

SI Conditions remplies → ALORS Action exécutée

Il est vrai qu'un stimulus sensoriel pourrait engendrer une action même si les conditions de l'action ne sont pas remplies, mais qu'un événement concomitant intervient, comme un catalyseur. Pensons par exemple au récit de la vie de Tristram Shandy qui est une longue suite d'associations d'idées, et aux conditions dans lesquelles Tristram Shandy a été conçu[102]. Son père avait pris l'habitude procédurale d'honorer son épouse après avoir remonté l'horloge le soir du premier dimanche de chaque mois, créant ainsi chez elle une association d'idées ; mais une crise de sciatique interrompit quelque temps ce processus. Quand il remonta sur sa femme à nouveau, elle intervint pendant son travail mal à propos par une question incongrue : —«Pardon mon ami, n'as-tu pas oublié de remonter la pendule ?» qui perturba la situation émotionnelle de son mari.

La domestication des animaux, qui remonterait à douze mille ans est en elle-même une forme de mémorisation : son but primitif a dû être d'approvisionner le groupe humain en bêtes à sacrifier : c'est un

---

[102] STERNE L. : *Vie et opinions de Tristram Shandy*, Laffont, 1965 p 4

processus qui ne devait surtout pas être interrompu, d'une part pour que la collectivité conserve la mémoire procédurale de la méthode de domestication, d'autre part et surtout parce qu'en cas d'interruption l'animal se réensauvageait très vite, et réintroduisait en rappel la violence, dont son sacrifice était censé empêcher le retour, comme un pense-bête en quelque sorte : Achille oublie, la Tortue se rappelle.

2. Systémique et souvenir

La systémique est une métaphore mécanico-informationnelle dont le bien fondé peut être discuté, mais elle autorise l'étude de problèmes de sociétés humaines avec une efficacité comparable à celle de la science, ce qui n'est pas sans intérêt. Essayons de l'appliquer au système proposé par René Girard.

Le discours sur les religions décrit la société et son environnement, comme un «système comportemental», ensemble de parties interagissantes dont le tout est plus grand que la somme des parties : système susceptible d'engendrer en son intérieur le sacré pour préserver son existence, et à l'extérieur des Dieux.

Appelons «idéologie» la conception du monde décrite par ce discours, à laquelle se réfère cette société dans les actions qu'elle entreprend, et traitons-la aussi comme un système de règles et de principes aboutissant à des croyances.

Des systèmes tels que les suivants peuvent alors représenter des collectivités humaines en comprenant :

- une société S, ensemble d'individus parlants interagissants, partageant une même idéologie I qu'elle influence en retour ; ensemble soumis à des rétroactions positives (y compris de la part de l'environnement externe du système) susceptibles d'engendrer du désordre et de la violence, pouvant aller jusqu'à la destruction du système ; et à des rétroactions négatives stabilisatrices empêchant ces actions destructrices, conduisant à former une communauté d'individus désireux de vivre ensemble ;

- une idéologie I, système cohérent de principes, d'actions et de rétroactions pratiquées par la société : injonctions, engagements, rites d'une part ; et règles motivant ces actions d'autre part, quelle que soit la forme prise par I : religion, secte, magie, superstition, sorcellerie, ou science.

Dans cette perspective, la société est vue comme un système comportemental adaptatif, dont l'idéologie décrit aussi les buts comme un système adaptatif : ce système à but communique avec l'environnement externe de la société par des canaux sensoriels récepteurs d'information lui indiquant s'il remplit telle ou telle condition, et des canaux moteurs qui agissent sur lui en conséquence.

Les individus qui composent la société entretiennent des relations formant leur environnement interne, adaptées à l'idéologie qui les guide, laquelle définit leur « interface » avec leur environnement externe, source d'informations enregistrées en mémoire qui influencent et engendrent l'action.

Un tel comportement peut nous éclairer sur l'environnement externe à la lumière des buts attribués aux individus, mais ne nous apprend à peu près rien sur l'environnement interne, sur le fonctionnement de leur organisme qui leur permet de penser et d'agir. Nous ne pouvons qu'imaginer un comportement général voisin du nôtre : qu'ils sont capables d'apprendre, de penser, de répondre aux stimuli de l'environnement externe, enfin d'éprouver des émotions, des sentiments semblables aux nôtres, au moins en partie.

Le premier but d'un système comportemental ne peut être que : «s'efforcer de persévérer dans son être», survivre si c'est un être vivant ou une société, éviter la destruction si c'est une machine : cet effort, le *conatus* de Spinoza, conditionne l'architecture d'une régulation homéostatique (ou homéodynamique) qui préserve des dangers et profite des occasions favorables à la survie

À l'aube d'une société, un primitif ne dispose pas de repère pour deviner la relation entre les conditions présentes et l'action appropriée, il se bat à l'aveugle, au hasard, son apprentissage commence par des actions désordonnées «pour voir». Ce n'est qu'à force d'expériences, d'échanges avec l'environnement, qu'il trouvera une relation entre le monde sensoriel et le monde moteur, qu'il apprendra que c'est en se concentrant sur un ennemi unique, une victime émissaire, que la lutte et la violence s'arrêtent. Un automatisme mimétique guide un processus de sélection naturelle conduisant à l'avénement d'une religion (IC, ch. 13).

Mais d'où vient l'idéologie ? Au départ, le monde sensoriel des informations reçues sur les désirs des autres stimule des désirs mimétiques, qui engendrent un monde moteur mettant en jeu toutes les violences sur le même plan indifférencié. Puis au cours du temps les actions des plus faibles s'estompent. Une société différenciée peut s'instaurer, ce n'est pas une lutte de tous contre tous qui a lieu, mais une coalition de désirs mimétiques visant le ou les chefs, aboutissant à son meurtre : elle peut suffire à instaurer l'ordre souhaité ; sinon, la société revient à la configuration précédente indifférenciée de désirs mimétiques de même rang.

Encore faut-il que tous les individus cherchent à s'informer, acceptent d'être informés : c'est en quoi consiste leur adaptativité individuelle. A priori l'être humain confronté à l'existence des autres a tendance à défendre sa part des ressources, à ne pas vouloir aliéner sa liberté : son comportement naturel devrait être égoïste. S'il est influençable, il ne résistera pas à l'addiction au désir mimétique. Les plus influençables se plieront à terme aux contraintes religieuses : rites, obligations, interdictions, sacrifices, pour bénéficier de la préservation de la société qui en découle : d'où un comportement altruiste de fait, même si on leur a expliqué, et qu'ils croient, que c'est pour leur «salut» sur cette terre.

Cependant les dirigeants, les chefs auront tendance à vouloir contrôler les gens du lever au coucher du soleil en leur imposant une suite ordonnée d'activités obligatoires. Les individus se plieront à ce contrôle tant qu'il ne sera pas assez contraignant pour annuler l'avantage d'une société stable. Une organisation est ainsi autoproduite par essais et erreurs ou par feedback.

Ceux qui ne sont pas influençables, qui ne s'adaptent pas, se révolteront, voudront expérimenter par eux-mêmes que le refus des rites conduit à la violence, à l'anarchie. Moins adaptés ils seront les premiers éliminés.

Une telle idéologie rend aux membres de la société qui y adhèrent le service qu'ils attendent d'elle si elle empêche la lutte destructrice de tous contre tous. Ce n'est pas une création illusoire : est-elle ou non construite à partir d' illusions ?

Partant de cette analyse, peut-on considérer comme des propriétés des systèmes évoqués, participant à leur définition, les esprits, souvenirs d'un événement ancien selon Freud, qu'il ait été rêvé ou qu'il ait vraiment eu lieu, enregistrés en mémoire et rappelés par association, concomitance ou par reconnaissance ?

Dans une analyse générale de faits de mémoire, W. R. Ashby conteste l'idée qu'un souvenir, un rêve, survenu à un autre moment que la perception directe, soit l'indice d'une propriété de système, définissant son état ; voire qu'un stimulus, une réponse quelconque assimilable à une mémoire soit une propriété de quoi que ce soit.

Ashby présente sa critique à propos d'une chronologie d'événements[103].

Les deux parties du système S et I interagissent : les individus créent et modifient leur conception du monde, qui influe en retour les interactions entre individus. La propriété du système S-I, ouvert sur l'extérieur, améliorée par les apports d'une mémoire, détériorée quand celle-ci dégénère, est son degré d'organisation, de résistance au désordre, à la destruction, sa néguentropie. Son aspect quantitatif est sans doute de faible importance comparé à son pouvoir discriminatoire.

S et I sont étudiés par un observateur G qui essaie d'en comprendre le fonctionnement de l'extérieur, leurs propriétés, alors que la plus grande partie de ce fonctionnement est inaccessible à l' observation : à cet égard les systèmes S et I constituent vis-à-vis de G une boîte noire (IC, ch.1.3).

Pour étudier cette boîte noire, G devrait exercer une série d'actions sur les entrées du système et décrire le résultat observé à la sortie, qui nous éclairerait sur son environnement externe. Dans le cas présent, la seule action que G, s'il apparaît très longtemps après S, puisse exercer sur S et I consiste à étudier les traces T de chacun des événements qui se sont produits dans le passé (entrées du système), ou à défaut la description plausible qu'il peut en faire, et à tenter de décrire (sorties du système) ce qu'ont pu être l'état de la société S confrontée à cet événement, et l'influence qu'il a pu exercer sur l'idéologie I adoptée par la société S.

En d'autres termes, G cherche dans quel état «s» peut se trouver la société S confrontée à un événement «e» (connu par sa trace T), en adoptant une idéologie I que l'événement survenu «e» place dans l'état «i».

Partons de la lecture sacrificielle d'un événement préhistorique par l'observateur G. Demandons-nous si la société S a pu adopter la conduite décrite, si elle a présenté ou non le comportement s_g aboutissant à un mécanisme victimaire universel : rassemblement de tous contre une victime unique.

Admettons que cela soit possible si et seulement si son idéologie I se trouve être dans un état déterminé «i_o» quand l'événement e se produit (indice o pour secret, non-communication d'information) : si l'on suit René

---

[103] ASHBY W. R. *An Introduction to Cybernetics*, Chapman &Hall, London, 1956 pp. 114 et seq

Girard, il faut qu'elle porte la marque i_o du sacré, seul capable de préserver la société S contre une violence destructrice causée par la rivalité mimétique, en la transformant en lynchage d'une victime.

Nous ne savons rien de l'ensemble E d'événements qui se sont produits avant l'histoire, si ce n'est qu'ils se sont produits à un certain moment, et encore nous ne savons pas dans quel ordre, cela fait l'objet de débats : magie avant ou après religions ? Mais il est acceptable de supposer que la conception du monde i_o nécessaire pour que la société présente le comportement s_g, ne puisse survenir qu'après que certains événements fondateurs «f» se soient produits : par exemple l'apparition de motifs de vendetta, ou du cannibalisme (ce dont il doit exister des traces) ; ou tout autre susceptible de faciliter une crise mimétique.

Imaginons d'abord que dans un certain état futur G finisse par tout savoir sur la société et sur sa conception du monde : il aura ouvert la boîte noire, qui sera peut-être un Internet futur. Il saura alors quelles sont les conditions pour que la société ait présenté le comportement girardien s_g, il sait que cela se sera produit à tout moment e suivant le moment f où son idéologie aura atteint l'état sacré i_o.

Si au contraire G moins bien informé ne peut recueillir des informations que sur l'état de la société à tout moment, mais pas sur son idéologie, il ne pourra pas affirmer en toute certitude si la société S aura présenté ou non un comportement girardien à un moment e, ne sachant pas si son idéologie aura atteint le stade i_o requis ou un autre.

Cependant, s'il prend en compte des événements antérieurs à e, il y trouvera l'information qui lui manquait sur le moment e :

Si un événement fondateur f est antérieur à e, I sera dans l'état i_o et S présentera le comportement s_g.

Si les événements fondateurs f sont postérieurs à e, I ne pourra pas être dans l'état i_o, et S ne pourra pas présenter le comportement s_g.

L'observateur semble bien avoir fait appel à une sorte de mémoire, comme le suggère Freud, à une source d'informations en fait, mais c'est parce qu'il a manqué d'information sur l'idéologie : une mémoire du passé s'est substituée à ce manque d'information, pour augmenter la néguentropie du système, de même que l'oubli du passé l'avait diminuée. Cependant l'origine humaine de cette mémoire du passé quelle qu'elle soit n'est productrice de néguentropie que dans la mesure où elle ramène au présent des souvenirs anciens rafraîchis au passage inévitablement, dans un souci de cohérence avec les souvenirs les plus présents à la mémoire.

Contrairement aux propriétés d'une société évoquées dans l'analogie thermodynamique (IC, ch. 13.4) : population, violence mimétique, sacré, une mémoire n'est pas une propriété, c'est une relation, un rapport entre le système et l'observateur, ou l'environnement externe ; moins l'observateur est informé, plus il a besoin de recourir à une mémoire des événements réveillée par une action de l'environnement externe, et rafraichie par elle.

En particulier il est par définition mal informé de tout ce qui porte la marque du sacré, dont le secret doit être bien gardé s'il conditionne la survie de la société. Le sacré ne peut être traversé par la mémoire des événements qui l'ont consacré. Dans un monde qui en porte la marque, les modifications qui ont lieu sont adiabatiques à cet égard.

III. MYTHES

10. Interférences

Cela s'est passé à la préhistoire de l'informatique, du numérique, bien avant l'avénement d'Internet et des *big data* accumulés dans des *clouds* accessibles à tous. Le maître d'école, du haut de sa chaire, déversait son savoir, expression de la vérité, dans les oreilles d'écoliers attentifs, qui prenaient des notes. Mais les livres de classe se multiplièrent et finirent par être vendus à des prix abordables dans les librairies, tandis que les économats les fournissaient gratuitement aux boursiers et aux enfants de familles nombreuses.

Jadis, un certain professeur d'histoire et de géographie exposait son cours de la manière suivante :

Assis au haut d'une estrade, il posait sur son bureau le manuel d'histoire utilisé à l'époque. Admirateur inconditionnel de Malet et Isaac, il plaçait devant lui leur livre et en faisait la lecture séquentielle à haute voix sans omettre un seul mot. Il commençait chaque page en haut à gauche et ne s'arrêtait un petit moment, en bas à droite, que pour tourner la page.

Cependant tous les élèves avaient acquis ce même livre. Chacun d'entre eux, répartis sur six rangées de trois bancs de deux places l'écoutait en silence, lisant en même temps sur son propre Malet et Isaac, attentif au moment où le professeur arrivé au bas de la page de droite tournerait la page. Trente-six élèves placés comme lui dans un même référentiel d'espace-temps tournaient la page au même moment, ce qui produisait à l'écoute un bruit caractéristique, magique : pfff... Une oreille exercée pouvait percevoir un léger défaut de synchronisme, dû à la présence de gauchers qui tournaient la page de la main gauche avec un petit décalage.

Les événements historiques dont la relation était rapportée par Malet et Isaac aux endroits critiques ont disparu de leur mémoire. La somme d'information ainsi perdue à des endroits précis de l'espace qu'une transformation simple pouvait rejeter à l'infini apparaît comme une des manières constitutives du sacré (IC, ch. 13. 3) : une information aux abois, anéantie par des armées célestes disposées en ordre à des sources de bruit pour les oreilles, fondant sur elle pour la transfigurer en incommunicabilité. Bruit aussi pour les yeux : car que font-ils, lorsque parcourant le texte ils fuient d'une ligne à l'autre, poursuivis par la troupe innombrable des mots, sinon subir de manière inconsciente une perte d'information imperceptible à travers la persistance de mémoire à court terme qui raccommode les morceaux lacérés par la ponctuation physique de la page ?

Le rôle de la mémoire dans l'histoire est éclairé par ces métaphores. Quel message chaque ange individuel est-il chargé de transmettre ? De tout temps, le rôle de voyageur dans le temps et dans l'espace pour remettre le message à un récepteur est dévolu à un messager. A cet effet il est muni d'ailes. La dynamique de la tourne de page est semblable à celle de l'aile battante : celle-ci bat mystérieusement pour sustenter et propulser le corps qu'elle soutient sur des tourbillons qui tourneraient en sens inverse de ceux qu'elle laisse échapper à son bord de fuite, mais c'est toujours la même aile dont l'intégrité garantit la pérennité du message. La succession de pages à la dynamique identique assure la continuité de l'histoire, mais d'une manière assez semblable aux images photographiques d'un film jouant sur la persistance des images rétiniennes, plutôt que comme la répétition à l'identique d'une image fixe ou d'un texte cinquante fois par seconde sur l'écran d'ordinateur : encore que ce dernier possède aussi la capacité de cinématographie grâce à un logiciel d'animation d'images.

Le découpage physique en pages s'apparente à la technique de l'échantillonnage pratiquée par les producteurs et trafiquants de son, musiciens ou autres, équipés d'un échantillonneur : la lecture à haute voix de Malet et Isaac équivaut à un échantillonnage de l'histoire, réduite à la modulation d'une suite d'impulsions codées, à raison d'une page d'histoire toutes les deux minutes, qui raconte des événements étalés en réalité sur un jour ou un siècle. Le fait du découpage induit un bruit appelé bruit d'échantillonnage, qui n'est autre que celui décrit plus haut des tournes de page : il engendre des fréquences parasites, autorise l'introduction incongrue d'événements imaginaires dans les interstices en bas de page entrant en contrebande par là dans l'histoire. Passons sur les détails techniques. Pour y remédier, le musicien pratique le «sur-échantillonnage», méthode pour réduire le bruit qui consiste à multiplier la fréquence de base d'enregistrement des événements. Malet et Isaac le pratiquent dans une certaine mesure en consacrant autant de pages aux dix ans de Révolution Française qu'aux règnes de Louis XIII, Louis XIV, Louis XV réunis, de sorte qu'on perd moins d'histoire utile à chaque tourne de page. Réciproquement on rejette un événement dont la mémoire est indésirable dans les poubelles de l'histoire en le reléguant dans une tourne de page. On pourrait désigner par avance des micro-événements élémentaires, dont la présence ou l'absence à tout moment serait repérée par un bit unique zéro ou un ! L'oubli au coin d'une page d'un point de détail de l'histoire que d'aucuns jugent mineur se ramènerait à une erreur dérisoire. On ne trouve aucune trace d'épisodes du récit biblique de l'Exode dans les hiéroglyphes égyptiens : s'il a eu lieu de la manière décrite, le pharaon aura ordonné au scribe d'oublier ce non-événement ; si les archéologues n'en trouvent aucune trace, à tort ou à raison elle demeure inscrite dans la mémoire d'un peuple qui refuse de la placer dans une tourne de page. Les manuels d'histoire nous assurent qu'au cours de la première guerre mondiale les tanks et les gaz sont apparus et ont fait des dégâts mais ont été utilisés de manière inefficace ; la leçon a été comprise et au cours de la deuxième guerre mondiale, on a doté les chars d'un moteur assez puissant pour qu'il puisse rouler à la vitesse d'une automobile, et on y a placé un émetteur récepteur pour qu'il puisse communiquer avec son environnement ; mais, assurent les manuels, on n'a pas utilisé les gaz : c'est se moquer du monde ! On a bel et bien trouvé le moyen de les utiliser de manière efficace : il suffisait de renfermer l'ennemi dans une chambre, et de désigner comme « ennemis » les bêtes qu'on pouvait marquer d'un signe distinctif, attraper à volonté, entasser dans des wagons de bestiaux et diriger vers les chambres d'abattage.

Alors où la continuité de l'histoire s'inscrit-elle ? Pas dans l'espace des contes populaires : tous les échantillonnages du monde ne réduiront pas l'histoire à une gerbe de contes à la morphologie représentée par un nombre restreint de séquences types de motifs immuables[104] : agression, privation, appel à la résistance, requête ou question, mise à disposition du héros d'un objet magique, ou d'une idée-force, transfert du héros (aller), combat, victoire sur l'agresseur, réparation de l'agression ou de la privation, retour du héros, sacralisation ; séquences appliquées à des personnages arbitraires à un moment incertain en des endroits

---

[104] PROPP V. : *Morphologie du conte,* Seuil/Points 1970

incertains, parfois à « une ombre qui marche, un acteur minable, qui se pavane et fait son numéro sur la scène (l'écran) et qu'ensuite on n'entend plus ». Dès lors que ses objets sont magiques et leur occurrence aléatoire, elle se réduit une « histoire racontée par un idiot ne signifiant rien » ; mais où sont le bruit et la fureur ? L'imagination des conteurs peine à atteindre ces sommets.

Le domaine du son est propice aux métaphores sur l'histoire. L'aile battante comme la page tournée balaye autour d'elle l'air qui s'échappe le long de son bord de fuite en y produisant des oscillations de pression et de vitesse génératrices du phénomène appelé « son » que l'oreille reçoit. Des fluctuations cadencées de vitesse sont à l'origine des sons produits par une embouchure de flûte ou par une anche et propagés par un instrument à vent, elles sont également produites par les sifflements d'oiseaux, par les phonèmes que nos cordes vocales émettent et par les vibrations de nos instruments à cordes, alors que les instruments de la batterie : tambour, cymbales, émettent des fluctuations sonores de pression.

La cause du phénomène acoustique déclenché par un « collectif » de Malet et Isaac fut identifiée plus tard, dans la perception par les riverains des aéroports du bruit collectif produit par les turboréacteurs des avions, plus précisément celui des grilles d'aubes de compresseur. Chaque aube laisse échapper à son bord de fuite un tourbillon producteur de fluctuations de vitesses, réparties géométriquement dans l'espace de révolution de l'appareil comme celles s'échappant jadis des pages de nos Malet et Isaac à décalage parallèle dans l'espace rectangulaire de la classe ; c'est l'addition de ces sources quasi-synchrones dont la propagation acoustique formait à nos oreilles le « pfff »qui nous enchantait jadis. La ressemblance s'arrête là : le mouvement circulaire des aubes de compresseur engendre une histoire recommencée en un éternel retour au contraire de Malet et Isaac ; à moins de prendre en compte la répétition de l'histoire racontée depuis l'estrade aux classes successives. Quant aux jets s'échappant à la sortie des turboréacteurs, qui induisent des fluctuations de leur énergie cinétique périphérique, du produit des fluctuations de la vitesse par elles-mêmes, agrémentées si l'on peut dire d'effets supersoniques, de bangs, c'est eux assurément qui engendrent à leur échelle une histoire pleine de bruit et de fureur.

La malédiction n'est pourtant pas insurmontable. La feuille de bananier agitée en cadence sur la tête des rois exotiques est le modèle du ventilateur de rendement idéal : toute l'énergie mécanique fournie est transformée en transfert de la chaleur à évacuer, avec un bruit faible de pression sans imprimer à l'air plus de vitesse que le strict nécessaire, « nec plus quam minimum ».

Un autre moyen consiste à se placer dans une brise silencieuse en se protégeant du soleil. Le Prophète Mahomet qui était auparavant conducteur de chameaux, avait conservé un sens très clair et tout à fait moderne des bonnes conditions pour transporter des personnes avec un minimum de confort. Il eut la sagesse de déclarer qu'elles lui avaient été révélées par l'ange Gabriel dans un songe : les compagnies de caravanes ne devaient pas s'en soucier plus que les transporteurs actuels, qui ne comprennent pas pourquoi ils devraient procurer aux descendants des grognards de Napoléon des moyens de déplacement leur évitant des marches à pied fatigantes. Le Prophète rêva d'un tapis volant magique en soie verte, sur lequel le roi Salomon voyageait assis sur son trône, ordonnant au vent de le transporter où il voulait aller. Les hommes et les femmes de sa suite se tenaient à droite du trône, et les anges à gauche. Pour les protéger des rayons du soleil, un vol d'oiseaux déployait ses ailes, formant un dais au dessus du trône : «sans doute le premier exemple de transport avec air conditionné[105]».

Leland Hazard qui rapporta ce précédent le considérait aussi comme la première réalisation, mythologique, de son propre rêve : un transport «de porte à porte» par un seul moyen, sans rupture de charge, rêve approché aujourd'hui, au moins aux heures creuses, par l'usage de l'automobile. Peut-être parce qu'il avait attendu longtemps l'autobus sans savoir quand il arriverait, il surévaluait la nuisance des ruptures de charge. Il avait pourtant bien reconnu qu'il n'y a qu'un seul roi Salomon, alors que des centaines de millions d'automobiles sur tapis routier posent de nouveaux problèmes. Il est significatif que le tapis volant soit en soie verte : l'ange Gabriel ne parle pas en vain. A l'origine de la circulation automobile, les ligues de fermiers hostiles soumettaient les conducteurs qui traversaient la campagne à de nombreuses vexations : en particulier s'ils voyaient approcher des chevaux, ils devaient arrêter le moteur et couvrir la voiture d'une couverture de camouflage peinte aux couleurs de l'environnement. Aujourd'hui ce serait plutôt aux piétons de se camoufler pour ne pas gêner les automobilistes

Le Bruit, comme la plupart des nuisances fondamentales trouve son origine dans les efforts déployés par les humains pour utiliser davantage d'énergie, pour chauffer de l'air et de l'eau, mais aussi afin de se mouvoir, ou pour déplacer des objets. Il est difficile d'échanger du

---

[105] HAZARD LELAND *ON TRANSPORTATION*. : Carnegie Mellon University, T. R. I. Report n°4

travail et de la chaleur de quelque importance avec le Milieu sans le faire crier. Tout au plus parvient-on à étouffer en partie ces cris à l'intérieur d'une enceinte isolée où l'on s'enferme. Sinon il ne reste qu'à s'éloigner de la source. Mais quand le Milieu devient toute la Terre, l'Eau et l'Air sur quoi il faut s'appuyer pour avancer ? Une chaîne de masses et de ressorts sans solution de continuité remplit l'espace et relie les êtres aux machines, rarement conçues pour être mélodieuses : sollicitée en un mouvement alternatif par les excitations des marteaux piqueurs, des pots d'échappement, des échappements sans pot, des chasses d'eau, des réacteurs d'avion, elle s'y raccorde localement tant bien que mal, pour autant que le mouvement des masses suive en phase la perturbation ; elle propage à l'infini sous forme de bruit de traîne, le résidu de puissance ; et comme la finalité des machines qui préside à leur conception est en général étrangère à cette préoccupation, les dispositifs d'insonorisation revêtent le plus souvent l'aspect de rajoutures .

Pourtant tout avait commencé dans l'harmonie. De Pythagore qui posa les bases de la production de sons à Rayleigh, grand savant britannique du début du vingtième siècle, il n'était question dans les traités d'Acoustique que de chants d'oiseaux, de battements de cloches, de voix, d'instruments de musique de toutes sortes qui enchantaient Caliban dans son île,... non desservie par un aéroport : l'accent était mis sur la fréquence, sur les harmoniques. Sous l'influence survenue un peu plus tard des dodécaphonistes on se préoccupa enfin du timbre. Depuis le milieu du siècle dernier, les tenants de la musique de timbre, de la *Klangfarbenmelodie*, s'opposent à ceux qui voient partout des «objets sonores» : dans le soufflement à travers un brin d'herbe, dans la reproduction chez soi de sons émis par une cassette sans référence aux musiciens qui l'ont enregistrée, dans une cloche coupée, dans un sillon fermé de disque rayé, jusqu'aux modernes productions techno des Disk Jockeys. Les acousticiens ont donc mis l'accent sur l'étude des intensités, négligée dans le passé : moins l'intensité des sonos débridées que les décibels déchaînés de la ville et de ses environs. L'émission de bruit par des sources de très grande vitesse, le comportement inconnu auparavant du bruit des jets et sillages forment le contenu des modernes Traités d'Acoustique en raison des nuisances de l'aéronautique, même si de nombreuses autres applications terrestres presque aussi bruyantes bénéficient de modestes progrès enregistrés. Et pourtant dans les airs aussi les choses avaient bien commencé : par des planeurs silencieux, imitant les cerfs volants. Mais où sont les autres choses d'antan ?

11. La fin du néolithique

Les villes tentaculaires ont repoussé la campagne au delà de l'horizon, elles ont creusé la terre proche de fondations remplies d'automobiles. Plus de bœufs ni de chevaux, remplacés par des tracteurs, des camionnettes. Depuis les dernières guerres, quand la démocratie sonne à votre porte à sept heures du matin ce n'est plus le laitier ni le charbonnier : c'est le livreur du supermarché qui vous apporte des produits alimentaires relevés sur Internet. Des citadins courageux essaient bien de cultiver des légumes et des fruits sur les terrasses des tours et d'y traire quelques vaches pour disposer de produits frais, mais cet apport est marginal : l'essentiel provient de camions frigorifiques circulant dans le réseau routier en attente d'une commande de conserves.

Le petit pois qui apparaît au printemps est réputé pour sa tendresse ; il faudrait plutôt dire : tendreté. Ce critère de qualité mesuré par la pression nécessaire pour l'écraser est utilisé pour fixer le prix payé aux agriculteurs par les fabricants de conserves, mais on voit mal l'usage qu'en ferait la ménagère : elle se fie à l'aspect, recherche les grains lisses, vert clair, et croit qu'un petit pois est frais si sa peau est fine, mais comment construire un argument commercial avec l'épaisseur de la peau, difficile à mesurer ? A défaut, on admet sans se tromper beaucoup que cette épaisseur varie comme la grosseur des pois : plus le grain est de petit calibre plus sa peau serait fine, et plus le pois serait tendre ; c'est ainsi que le calibre des pois a été retenu comme un critère de différenciation stratégique, car le fabricant peut le mesurer et l'usager l'apprécier. Du coup les sélectionneurs ont produit des pois de petite taille, sans plus se soucier de la tendreté inaccessible à une différenciation ménagère.

Dès lors les petits pois vendus en boîtes de conserves sont classés selon leur taille en pois dits fins, très fins ou extra-fins. Les petits pois sont petits par définition, et parce qu'ils passent à travers trois tamis tournants ou vibrants percés de trous ronds calibrés. Sont extra-fins les petits pois qui passent à travers tous les tamis. Les très fins sont retenus par un tamis à trous de diamètre 7,5 millimètres, mais passent à travers des trous de diamètre 8,2 millimètres. Les fins sont retenus par le tamis à trous de diamètre 8,2 millimètres mais franchissent des trous de diamètre 8,75 millimètres. Ceux qui restent sur le dernier tamis sont appelés pois moyens. Il n'y a pas de grands pois dans les conserves, le moyen n'est pas un intermédiaire entre le petit et le grand. Il existe bien des gros pois anglais de calibre supérieur à 9 millimètres, mais dans le domaine des pois surgelés. Les supermarchés ne servent en général que les trois catégories de pois en conserve porteurs d'une valeur ajoutée : ils ont franchi un tamis.

Chargée par l'association des consommateurs d'une enquête sur les pois, Coré d'Olympe visita plusieurs supérettes et observa sur les étiquettes qu'ils étaient vendus en boîtes de huit cents grammes nets consommables. Il était précisé que les pois étaient étuvés, donc humides : le poids net du légume égoutté se réduisait à cinq cent soixante grammes, tandis que le poids total de la boîte avec son contenant s'élevait à huit cent cinquante grammes : des indications propres à éviter toute contestation. L'étiquette qui entourait la boîte et portait en outre la mention : fins, très fins, ou extra-fins en faisait foi ; elle tenait lieu de contrat entre le vendeur et le client. En l'espèce il s'agissait plutôt d'un contrat triangulaire comportant aussi la participation du producteur à la validation du produit ; et même quadripartite car il impliquerait à l'usage le banquier du consommateur. Les autres maillons de la chaîne pouvaient être provisoirement ignorés.

L'association donna son accord pour une enquête sur les pois tendant à vérifier les caractéristiques, mais demanda à Coré de se faire la main par des essais préliminaires de tri sur des sacs de pois tout venant avant de commencer l'enquête sur des produits vendus en magasin. Une lettre l'informa que l'association n'avait pour l'instant réuni des fonds que pour cette phase préliminaire, et la pressait de la conduire d'urgence car d'autres travaux l'attendaient. L'automne approchait, la moisson des pois était terminée.

Coré voulut expédier le repas de midi à la dernière supérette visitée et avisa divers fromages à tartiner à faible pourcentage de matières grasses, que le magasin présentait sous plusieurs formats. Ayant oublié d'emporter un couteau, elle était réduite à manger la pâte fromagère dans son emballage, ou à se servir d'une galette comme couteau de fortune : elle n'osait pas tartiner avec sa carte de crédit car elle ignorait les propriétés ferromagnétiques du fromage. Du Hollande était vendu sous forme de tranches fines, enveloppées dans un papier sulfinisé : il lui en aurait fallu plusieurs pour manger à peu près à sa faim après avoir perdu un temps précieux à les débarrasser de leur enveloppe sanitaire de conservation. Mais un heureux hasard lui fit découvrir des paquets proportionnels à toutes faims, contenant quatre à sept tranches fines de Hollande enveloppées dans un papier unique. Elle imaginait mal que des consommateurs aient eu l'idée de réclamer un tel produit au distributeur : il n'arrivait jamais qu'ils inventent du nouveau ; la demande ne réclame que des produits existants. On l'a qualifiée de «rétro» : il serait plus exact de dire qu'elle est dépourvue d'imagination. Pour paraphraser le philosophe Martin Heidegger, la demande «ne pense pas, et d'ailleurs telle n'est pas sa vocation». Elle n'est pas beaucoup plus évoluée que le chat de l'anthropologue Gregory Bateson, qui miaulait à son maître sans pouvoir lui demander du lait, n'ayant pas d'objet, qui ne pouvait même pas lui suggérer : «Occupe-toi de moi», n'ayant pas de moi. Le concept de «demande d'amour» ne saurait s'appliquer à un produit, un service innovant : amour de ce qui n'existe pas encore ? On désire un objet dont on n'a pas encore joui aussi longtemps qu'on le pare de vertus imaginaires ; quoique le «rameau effeuillé par l'hiver jeté au fond de la mine de sel de Salzbourg», d'où on le sort «recouvert de mille diamants mobiles et éblouissants», paradigme stendhalien de l'objet dépourvu d'un réel intérêt mais désiré parce que vêtu de charmes imaginés, symbolise plutôt la vue du produit par un publicitaire qui met en valeur l'emballage. Au demeurant le marketing, une fois constaté que la nouveauté perdure, reporte vite son intérêt sur le phénomène cumulatif à l'origine de la demande quantitative : le désir mimétique de l'objet du désir d'un autre.

En début d'après midi, tout en commençant à grignoter la première tranche de fromage de Hollande d'une série de quatre enveloppées dans de la cellophane, Coré se rendit à une adresse trouvée dans l'annuaire, et passa devant la porte d'une soupente dans une cour anglaise. Elle lut sur la plaque de la porte : «Grainetterie. Légumes en gros. Consultations», et dut penser : «Voilà mon affaire». Descendant un petit escalier sans rampe, elle faillit se tordre le pied en trébuchant et finit par buter sur un gros caillou contondant. Elle s'assit sur la dernière marche pour examiner la plaie. Un homme grimpant l'escalier se précipita vers elle : —Vous vous êtes fait mal ? Coré le rassura : — J'ai

du m'égratigner en surface, mais je n'ai rien de cassé. Je survivrai. —
Choisissez votre mode de survie ! répliqua l'homme. Votre légère
blessure est un rite de passage, elle simule une mort symbolique après
laquelle vous allez renaître dans une vie nouvelle. Je vais vous chercher
un fruit.... Une vie symbolique, j'imagine ! dut penser Coré qui n'en
demandait pas tant.

Le marchand de légumes revint de son entrepôt les bras chargés
d'un bouquet. — Je n'ai pas de fruit mais «des fleurs, des feuilles et
des branches, et voici l'escalier du premier rendez-vous !» Au fait, à
qui ai-je l'honneur ?

Coré se présenta. Le marchand se montra flatteur :
— Eh, bonjour d'Olympe mademoiselle
   Que vous êtes jolie, que vous me semblez belle
   Sans mentir....
— Ne vous fatiguez pas, interrompit Coré : cette tranchette de
fromage est la dernière du paquet et j'en ai déjà mangé la moitié. Vous
ne vivriez pas longtemps à mes dépens.
—Voulez-vous une tasse de café ? reprit le marchand.
—Merci, coupa Coré. J'étais venue chercher des pois tout venant.
J'en voudrais trois cents kilogrammes.
—Ah ! C'est pour une centrale d'achat ? dit le marchand surpris. Une
coopérative ? Un économat ?

Coré fit des dénégations et tenta d'expliquer son projet. Le
marchand sortit six sacs d'un demi-quintal de sa réserve. Voyant
l'embarras de sa cliente devant ce chargement encombrant, il proposa
une solution pour la livraison.
—Si j'ai bien compris, ce n'est pas pour faire la cuisine, ni pour les
distribuer ?

Coré assura que non. Elle devait faire des mesures sur ce matériel,
mais n'était pas encore prête. Il fallait qu'elle trouve où entreposer les
sacs pendant quelque temps.

Le marchand lui fit une proposition : — J'ai une petite remise
derrière mon bureau, une réserve où j'empile mes archives. Je peux la
louer pour l'hiver à votre association. Les pois y seront à l'abri du gel.
Des mesures, dites-vous ? Permettez-moi de vous offrir mes services :
j'ai été et je suis toujours contrôleur des poids et mesures.

Pourquoi contrôler les mesures ? dut se demander Coré, si ce n'est
pour se garder de la démesure, que les anciens appelaient hubris ? Les
pois y sont peu exposés.
— Le métier de contrôleur de poids et mesures n'est pas toujours
plein d'agrément, dit le marchand : il est parfois rempli de réels

dangers. On risque de coïncer une ligne de sonde au fond d'une épave, à cinq brasses sous l'eau dans un récif de corail. Mais un philosophe ancien a dit que l'homme est la mesure de toutes choses, inventant ainsi le premier système universel : pied, pouce, coudée, pinte. On n'a pas fait mieux depuis.

—Sauf erreur, rétorqua la jeune femme, l'administration vous affecte une nouvelle résidence tous les trois ans, m'a-t-on dit, et vous prévient au dernier moment de l'affectation : pas très compatible avec le négoce ! Et qui surveillera les pois ?

Le marchand l'assura que la profession avait été privatisée. Il lui tendit une carte de visite, où elle lut : «Richard Dustix, Contrôleur assermenté.»

—Je ne contrôle plus qu'à l'occasion. Nous sommes en train de vivre la fin du Néolithique. Je vends des graines à planter là-haut et je ne fais que conseiller dans le règne animal, en raison de l'exigüité du local que vous avez entrevu en arrivant, précisa-t-il. De préférence en matière de cochonaille, mais seulement entre le rez de chaussée et le sous sol. Mes avis sont appréciés. Mon totem est le cochon, ajouta-t-il par manière de plaisanterie.

Il tendit une autre carte de visite ornée d'une tête de porc : «Bon Conseil en charcuterie».

Coré lui exposa qu'elle voulait évaluer le rapport d'un usager avec un contrat d'usage des boîtes de petits pois. Elle admit que ce serait une bonne chose que les mesures soient contresignées par un contrôleur fiable.

— Je ne vois pas où est le problème, objecta Richard. En principe, la nature du contrat quadripartite est claire et synallagmatique : en achetant les boîtes, vous vous engagez à régler au magasin le prix marqué sur l'étagère, et répercuté sur l'étiquette sous la forme d'un code barre, dont il vous est loisible de vérifier la bonne correspondance sur un appareil déchiffreur mis à la disposition des usagers. Comme vous effectuez le réglement en monnaie fiduciaire à l'aide d'une carte dite de crédit, votre banque s'engage à créditer le compte du magasin chez son banquier du montant convenu de l'achat par le débit de votre compte à votre banque.

— Ah bon ? répondit Coré. Voici une boîte de pois fins. Qu'en dites-vous ? Vous conviennent-ils ? Feriez-vous la cuisine avec ce produit ?

Richard avoua qu'il ne savait pas faire la cuisine.

— Vous êtes marié ? interrogea Coré. Demandez à votre femme.

— Elle n'est pas encore rentrée. Mon épouse part tous les ans passer l'été chez ma belle-mère. Elles sont invitées toutes les deux à la résidence du professeur Ptolème. C'est la Sainte Trinité en vacances ! Mais elle ne va pas tarder à revenir. Je la questionnerai.

Coré devina qu'il n'aimait pas sa belle-mère : c'était fréquent et réciproque. —Qui est le professeur Ptolème ? demanda-t-elle. — Il enseigne l'agriculture extensive à l'Institut d'Agronomie. Ma belle-mére lui a offert un avion avec lequel il effectue des semailles aériennes. On l'a surnommé la Sainte Graine. C'est un végétarien militant. Comme les Zoulous, je m'efforce d'éviter de rencontrer ma belle-mère. Comme aux îles Salomon, je feins de ne pas la connaître[106]. Elle prétend, je ne sais pourquoi, que j'ai enlevé sa fille.

Il était naturel qu'elle le trouve antipathique dans ce cas. On raconte que cette antipathie de la belle-mère à l'égard du gendre remonte au rapt des femmes qui a pu exister à l'origine de l'humanité, quand une pénurie de femmes sévissait dans certaines tribus. Selon Freud, elle aurait perduré après que son origine eut été oubliée, en raison de conflits d'autorité ou d'une hostilité naturelle rendant difficile la vie en commun.

—De quoi s'occupe votre belle-mère ? demanda Coré. —Elle occupe un poste très important dans une multinationale qui détient le monopole mondial de nombreuses céréales, répondit le Contrôleur. Il serait bien fâcheux qu'elle disparaisse. Sans elle, pas de pizzas, pas de spaghettis, pas de hamburgers, vous vous rendez compte ?

Coré ne trouva pas que ce serait un désastre et dit : —On se rabattra sur les petits pois. De toutes façons à long terme nous sommes condamnés à manger des insectes.

Richard Dustix appela son épouse sur son portable.

RICHARD. Bonjour Proserpine. Tout va bien pour toi ?

Mme DUSTIX. Pour moi oui, mais pas pour le Professeur : Il a semé du maïs génétiquement modifié. En représailles un commando anti-OGM a volé l'avion.

RICHARD. Que va-t-il faire alors ?

Mme DUSTIX. Nous sommes en train de construire un petit dirigeable, avec l'aide d'un groupe de dentelières envoyées par le Pôle Emploi que nous avons embauchées pour la circonstance.

RICHARD. Bon courage. Une association de consommateurs me demande si on peut faire de la cuisine avec des petits pois fins. Qu'en penses-tu ?

Mme DUSTIX. Ouais, pourquoi pas ? Ce sera moins bon qu'avec des extra-fins, si l'on croit ce que dit le vendeur. Mais qu'elle regarde dans

[106] FREUD S. : *Totem et Tabou*, Payot, 1965, pp 28- 29

les forums d' Internet sur les recettes si la taille des petits pois a vraiment retenu l'attention des consommatrices réelles.

RICHARD. Demande à Ptolème.

Mme DUSTIX. En cuisine ? Il n'y connaît rien, ce n'est pas son truc.

RICHARD. Il s'y connaît en dirigeables ?

Mme DUSTIX. Nos dentelières qui ont cousu les morceaux d'enveloppe en tissu ne disposaient pas de moyens pour équilibrer les tensions de leurs coutures ; au moment du gonflement l'engin a pris des formes extraordinaires et imprévisibles, que nous n'avons pas réussi à régulariser. Mais il vole, et je crois qu'on pourra le diriger...

Coré préléva « au hasard » un échantillon de pois dans chaque sac, et entreprit d'en mesurer le diamètre apparent à l'aide d'un pied à coulisse. Richard observa son manège avec attention, mais au bout d'une heure une quantité dérisoire de pois de deux sacs seulement avait fait l'objet d'une mesure.

BON CONSEIL. Vous allez trop vite. Vous ne lisez pas le vernier. C'est un instrument qui mesure le dixième de millimètre, une information essentielle sur les pois, si je me réfère au calibre.

CORÉ. Très drôle. Evidemment ce n'est pas brillant. Vous avez une idée ?

BON CONSEIL. Rendons-nous à la Fédération de l'Industrie Alimentaire : nous y trouverons des maquettes témoins des filtres. C'est moi-même qui les ai calibrés aux diamètres normalisés. En utilisant le vernier.

Ils remirent les pois dans les sacs qu'ils transportèrent à la Fédération. Les minifiltres étaient assez conséquents, d'un diamètre de soixante centimètres. Ils les firent tourner lentement et chargèrent à la main le contenu de chaque sac dans le premier filtre, puis portèrent le filtrat dans le deuxième filtre et recommencèrent l'opération avec le troisième filtre. Ils divisèrent ainsi le contenu de chaque sac en quatre tas qu'ils placèrent dans des sachets plastiques numérotés et pesèrent le contenu de vingt quatre sacs. Munie de ces données essentielles, dont elle remit une copie à Richard Dustix, Coré fit entreposer les sachets plastiques dans un recoin abrité de la Fédération et se rendit à son bureau pour étudier cette statistique préliminaire. Là, quelques ennuis l'attendaient : elle trouva dans son courrier une lettre l'informant que l'association n'avait pas réuni tous les fonds nécessaires à la poursuite de son enquête sur les pois, et lui demandait de la différer de quelques mois ; son patron l'attendait pour lui confier un dossier urgent. Elle effectua néammoins son étude statistique qui n'était pas longue, et en rangea le résultat dans un classeur « pois ».

Autorisée à reprendre l'enquête sur les pois au mois de Mars, Coré reprit contact avec son contrôleur et lui fixa rendez-vous à la Fédération. Elle lui montra les résultats de son calcul statistique et les conclusions qu'elle en tirait quant à l'homogénéité du contenu des six sacs de cinquante kilogrammes. Après avoir formulé quelques réserves, le contrôleur voulut bien admettre que les résultats de calcul étaient des combinaisons codées selon un protocole convenu des vingt quatre mesures de pois auxquelles il avait participé, mais refusa de confirmer les conclusions : il s'en tenait à son constat d'une liste de vingt quatre chiffres mesurés sur une balance. Le reste était interprétation des spécialistes. Il accepta néammoins d'assister à une vérification expérimentale : Coré se proposait de remélanger les pois d'un même sac et de les repasser sur les filtres pour s'assurer que le résultat du tri était resté le même aux erreurs des instruments près. Prenant un sac en main, elle fut surprise de le trouver tiède : pourtant aucun radiateur ne chauffait cet endroit de l'entrepôt. Mais sa surprise fut bien plus grande lorsqu'elle chargea les contenus sur les filtres et recommença l'expérience : les pois fins s'étaient mués en pois moyens, les très fins en fins, les extra-fins en très fins et il n'y avait plus d'extra-fins. Le même s'était filtré en autre.

Richard perdit son sérieux habituel : — Vos pois ont gonflé en germant ! s'esclaffa-t-il. Une opération qui au surplus engendre de l'énergie calorifique. Voulez-vous que nous mesurions leur température ? Vous avez oublié que ce sont des êtres vivants.

—Bon, d'accord, concéda Coré : l'événement se dévoile à l'horizon des instruments détraqués.

Bon Conseil renchérit : —Vous auriez du les endormir en les plaçant en couche dans le bas d'un frigo : mais trois cents kilos ! Naturellement je vais vous les reprendre et les remplacer par du frais.

Au mois de juillet, Coré demanda à Richard Dustix de l'accompagner dans l'usine alimentaire de province alimentée par l'entreprise agricole qui avait produit le contenu des sacs. Les pois étaient récoltés avec l'aide d'une machine à tambours batteurs tournant dans les deux sens afin de cueillir les gousses puis d'égrener doucement les cosses. La récolte de pois ramassée dans des camions était livrée à l'entrée de l'usine, et chargée dans des cuves où ils étaient lavés, écossés, débarrassés des cosses puis étuvés, le tout sous la surveillance d'une équipe de puiseuses de pois, gantées, chapeautées et revêtues d'habits étanches. Les visiteurs furent reçus par la déléguée aux Relations Extérieures du Comité d'Entreprise. Elle fut très contrariée par la présence de Richard.

—Comment ? On ne vous a pas prévenus ? Vous arrivez en pleine fête des femmes, les présences masculines sont interdites ! Tous les hommes sont enfermés dans la salle de contrôle et se contentent de surveiller les écrans. Vous n'aurez pas accès aux machines. Il est vrai que c'est le troisième et dernier jour : je vais voir ce que je peux faire ...

Elle partit vers les camions et revint en tenant une longue robe noire avec un capuchon et une paire de souliers dorés.

—Enfilez cette burka, et évitez de parler aux Puiseuses ! Votre voix éveillera leur méfiance.

CORÉ. Pourquoi étuvez-vous ? Que faites-vous des consommateurs qui n'aiment pas ça ?

LA DÉLÉGUÉE. C'est une opération qui fixe les dimensions du pois qui determinent sa categorie.

RICHARD DUSTIX, feignant l'ignorance. Ah ! et comment cela ?

LA DÉLÉGUÉE, très inquiète. S'il n'est pas étuvé... il pourra gonfler dans les boîtes de conserve et changer de calibrage, une source de désordre pour l'exploitation... Modifiez le ton de votre voix s'il vous plait ! Si vous êtes découvert, je ne vous connais pas, je ne vous ai jamais vu !

Elle pointa du doigt vers trois filtres géants qui tournaient majestueusement autour d'un axe légèrement incliné et précisa :

—Les pois étuvés passent à l'intérieur de ces tambours tournants. Les ouvrières qui surveillent le chargement des pois dans la partie haute les appellent des cathodes : elles me disent qu'elles travaillaient auparavant dans un atelier de montage de téléviseurs, mais je ne vois pas le rapport.

CORÉ. Cathode est un mot grec qui signifie : chemin descendant vers le bas.

LA DÉLÉGUÉE. Les pois qui ne traversent pas le premier filtre sont qualifiés de moyens. Ils ne sont pas dirigés vers l'emballage dans des boites de conserves mais vers l'extérieur de l'unité de traitement.

CORÉ. Qui se soucie d'un calibre ? vous voulez dire un diamètre ?

LA DÉLÉGUÉE. Un pois n'a pas de diamètre ! Ne vous imaginez pas qu'il s'agisse d'une opération géométrique, même après étuvage ! Les pois ne sont pas sphériques. Au cours du tamisage, ils sont brassés en tous sens par le mouvement rotatif. Si leur diamètre apparent est inférieur à celui des trous du tamis, ils finiront à la longue par se trouver sous le bon angle pour le traverser : soit par gravité s'ils viennent se reposer au dessus d' un trou, soit par la force centrifuge qui les plaque sur le tamis avant qu'ils s'en détachent pour décrire à l'intérieur une parabole de tir pendant que le tamis tournoie. Mais ils doivent y parvenir avant d'atteindre le bout du tamis.

Richarde s'efforça de contrefaire sa voix. — J'imagine que ce n'est pas ce chemin descendant que vos employées appellent une cathode : ce doit être le chemin vers le bas des pois qui ont traversé les trous.

CORÉ. Non sans avoir été entraînés dans un mouvement périodique vers le bas suivi d'un mouvement vers le haut qu'elles devraient appeler anode,

RICHARDE. Avec un résultat nul alors ?

CORÉ. Pas du tout : ils simulent ainsi le cycle des végétaux et le rythme des saisons.

RICHARDE. Vous croyez ? Imaginez vous comme un pois emporté dans un torrent de pois dévalant cette pente percée, un pois extra-fin bien entendu, de la belle génération comme on disait au temps jadis... Aucune chance de s'échapper de la foule.

Les « visiteuses » avancèrent vers la deuxième machine et furent surprises par l'absence des employées censées la servir, qui s'étaient enfermées dans une cabine pour méditer, assises sur des monceaux de gros pois non étuvés et de cosses entassées. Il y régnait une chaleur étouffante. Coré s'adressa à la Puiseuse d'En Bas et lui demanda ce qu'elle faisait là : «Je germe» répondit-elle mystérieusement. Je ge-erme ! répéta-t-elle en criant pour qu'on l'entende. — « Je couve ! » répliqua en écho la Puiseuse d'En Haut. «Je cou-ouve !».

Le mystère grandit à l'approche du troisième filtre dont la déléguée leur avait annoncé qu'il était « générateur de beauté » : qualification qui leur avait paru excessive pour désigner la production de simples pois extra-fins. En fait les Puiseuses de service étaient assises par terre en tailleur sous le filtre sur un tapis de feuilles mortes, et se jetaient à la figure des cosses, feuilles et autres déchets végétaux, ou même se flagellaient avec des branches de laurier. La surprise des « visiteuses » culmina en les entendant s'injurier sans mesure : — Imbécile heureuse ! criait la Puiseuse d'En Haut de l'endroit à l'adresse de celle d'En Bas qui hurla : — Poufiasse dégueulasse ! en réponse. — Connarde, la peste te crève ! répliqua-t-on d'en Haut, ce qui déclencha en Bas un : — Lope minable, salope! « Aboie, en lançant sur mon corps tes invectives[107] »...

Elles cherchèrent en vain un motif justifiant ces agressions verbales et n'en trouvant pas, finirent par admettre qu'elles échangeaient des mots de passe dans un langage codé. Coré hasarda une cause explicative : —Elles simulent peut-être ce que feraient des consommateurs de petits pois privés de leurs boîtes habituelles. — Ou ce que serait l'humanité sans lois, généralisa Richarde. —Ou pire, sans petits pois, conclut Coré.

---

[107] ARISTOPHANE. : Les Thesmophories (411 av J-C)

Pendant ce temps un éphèbe coiffé d'un pétase, nommé Scalab, se présenta à l'entrée de l'usine et demanda à être reçu par le Comité Mixte à la Production. Se disant défenseur des femmes, il venait en messager les prévenir d'un danger qui les menaçait : le bruit courait au Syndicat qu'un homme déguisé en femme s'était introduit dans l'usine et se cachait parmi elles. Le Comité Mixte chargea la déléguée aux Relations Extérieures de mener l'enquête qui s'imposait. Elle dut s'éxécuter de cette tâche, accompagnée d'un vigile et de l'adolescent, aussi lentement qu'elle le put, mais ne put éviter de retrouver les visiteuses, au pied du troisième filtre. Richarde tenta de rejoindre la sortie.

SCALAB. Holà ! toi ! Où vas-tu ? Reste ici. Qui est ton mari ?

RICHARDE, d'une voix flûtée. Mon mari... est parti à la pêche.

UNE PUISEUSE. Laisse tomber. Je vais la questionner sur les cérémonies de l'an dernier. Mais va-t-en Scalab, tu ne dois pas entendre. Es-tu déjà venue ici ?

RICHARDE. Je viens tous les ans.

LA PUISEUSE. Quelle fut la première cérémonie accomplie par nous ?

RICHARDE. Ben, nous avons bu.

LA PUISEUSE. Et ensuite ?

RICHARDE. Nous avons bu à nouveau, à la santé de toutes.

UNE AUTRE PUISEUSE. Elle ou Il se moque de nous. Déshabillez-la !... Bon, ça suffit, on a compris.

LA DÉLÉGUÉE. Est-ce là le faux jeton dont nous a parlé Scalab ? Hé ! l'homme ! Pourquoi te caches tu ? Vigile, attachez-le et veillez à ce que personne ne puisse s'en approcher.

SCALAB. Gardez-le bien, je vais faire mon rapport au Syndicat.

LES PUISEUSES, s'adressant aux deux visiteurs : C'est fort bien. « À présent livrons nous à nos jeux comme c'est la coutume et jeûnons sans tricher. Dansons, marquons du pied la cadence et chantons »[108].

LE VIGILE à RICHARD. Il faut que je vous attache.

RICHARD à CORÉ en sourdine. Cela va mal. Il faudrait s'esquiver en tapinois. Faites quelque chose....

Coré entra dans la danse des Puiseuses et les entraîna pour former un cercle autour du vigile. Puis elle s'éclipsa discrètement et défit les liens de Richard.

Quittant l'usine, Coré et Richard tirèrent la philosophie de cette visite.

---

[108] ARISTOPHANE. : ibidem.

CORÉ. Ne vous inquiétez pas plus qu'il ne faut de cette affaire de trous traversés. L'usager qui consomme les petits pois est certes sensible à leur homogénéité mais surtout à leur goût. Il est temps que nous allions relever quelques échantillons dans les magasins de détail, de préférence en ville.

Dans le supermarché qu'ils avaient choisi, le rayon alimentaire se trouvait au sous-sol, ce qui sembla plaire à Dustix : on y accédait par des escalators. Ils prirent celui qui descendait, mais furent gênés à mi-chemin par deux ados qui jouaient aux billes sur les marches en essayant de les remonter. Coré mit le pied sur des billes qui s'écrasèrent, et amorçant un dérapage faillit tomber. Dustix la retint à temps et l'aggripa à la main courante.

—C'est quoi cette saloperie ? cria-t-elle aux chenapans. —Dis-lui toi, Scalab, fit l'un d'eux, agenouillé pour ramasser les billes intactes. Scalab ne reconnut pas Richard et expliqua que c'était le contenu d'un sac de pois surgelés qu'ils avaient trouvé dans la décharge des produits périmés. — Des 9 mm ! s'extasia-t-il. Comme les cartouches Parabellum ! C'est Scalaf qui les a repérés.

Coré se remettait mal de son émotion au sommet de l'escalator. Ces sales mômes qui s'agitaient sans regarder où ils se précipitaient, jouant à un jeu idiot, inconscients de leur imprudence : comment les en empêcher, les tirer de là ? Un poème ancien lui revint en mémoire[109] : « Si un corps rencontre un corps qui vient à travers les pois » ...Non : à travers les seigles, bien sûr : encore et toujours dans le Néolithique ! Elle interpella Dustix :

—Secouez-les sans ménagement, qu'ils arrêtent ces conneries, un escalator n'est pas un terrain de jeux.

Ils hélèrent un vigile reconnaissable par son uniforme et lui demandèrent de rétablir l'ordre avant de rejoindre l'entrée du magasin alimentaire.

Toujours accompagnée de Richard Dustix, et munie d'un caddie dont elle avait acquis l'usage provisoire contre une caution d'un euro, Coré se dirigea vers le rayon des conserves de légumes et prit sur les étagères une trentaine de boîtes de pois de huit cents grammes, à des fins de vérification. Sa ceinture s'accrocha au passage dans un rayon, mais elle se dit qu'on la retrouverait sans problème : elle se savait espionnée par des caméras enregistreuses de ses déambulations dans les travées, des articles qu'elle prenait en mains, de ceux qu'elle emportait, en attendant que les caisses les identifient par les codes barres, et

---

[109] BURNS R. : *Comin' Thro' the Rye* in J. D. SALINGER : *L'attrape-cœurs*, Pocket Laffont, Paris, p. 210

l'identifient elle-même par sa carte. Pourtant en passant devant le rayon des légumes et fruits frais, elle ressentit une petite faim et ne put s'empêcher de picorer subrepticement quelques grains cueillis dans une grenade entr'ouverte qui riait à l'étalage.

Richard Dustix, craignant d'être reconnu et dénoncé à un syndicat, fit semblant de regarder ailleurs, mais Scalaf revenu au magasin cria pour qu'on l'entende : «Waw, je t'ai vue!» et entonna une chanson de Gilbert Bécaud : —«Tu as volé, as volé la grenade du marché !» —«Je n'ai pas volé la grenade, je cherchais dans mon sac ma carte bleue», répliqua Coré, et comme Scalaf continuait à chanter :

—Calomniateur au petit pied ! fit-elle avec mépris, Cafteur de figues mûres !

—N'importe quoi ! fit l'autre, Elle ne sait même pas ce qu'elle mange.

—Quoi, que voulez-vous dire ? fit Richard, inquiet. Qu'appelez-vous figues mûres ?

—Je pense aux gros malins qui accaparent les richesses produites par le peuple, dont le dénonciateur espère récupérer en partie la fortune mal acquise, en récompense de son service d'espionnage.

Richard manifesta son impuissance :

— Je crains de ne pouvoir contrôler le bavardage indiscret de cet oiseau de mauvais augure. Notre contrat avec ce supermarché n'est plus synallagmatique. Ce n'est pas très bon pour l'image de votre association.

—Sept malheureux grains de grenade ! s'exclama Coré. Vous croyez que les cerbères préposés à la surveillance vont prêter attention à la dénonciation de ce morveux, et qu'ils vont me bloquer ici ?

—Je vous déconseille, fit Bon Conseil. N'en prenez pas le risque. Leur ordinateur Méga Cyané est redoutable, depuis que son matériel a été entièrement transformé en logiciel. Ne laissez pas de trace écrite en tous cas ! Tenez, je vais vous prêter la carte de crédit de mon épouse. Vous la donnerez à la caissière, et je passerai devant vous pour taper le code. Pour la suite, nous nous arrangerons.

Ils se dirigèrent vers les caisses placées en parallèle à la sortie. C'était une heure d'affluence. Le comportement des clients se traduisait par des files d'attente de longueur à peu près égale si on la comptait en nombre de clients. La multiplicité des files d'attente devant les caisses semblait offrir un exemple de différenciation tactique : le client arrivé après vous qui s'est placé dans une autre file cherche à se différencier plutôt qu'à vous imiter !

—Pourquoi ne choisissez-vous pas la queue la plus courte ? conseilla Bon Conseil

—Instruite par l'expérience, assura Coré, je tiens compte du contenu des caddies. J'ai calculé mentalement la file d'attente en nombre de produits à enregistrer. C'est comme la file d'attente aux péages d'autoroute, la situation est comparable : les caddies en fil de fer sont les analogues des camions, cars et autobus, tandis que les paniers en plastique du magasin et les sacs privés sont les analogues des voitures automobiles.

—Ah oui ? fit Richard sceptique. Pourtant les conducteurs des uns et des autres mettent autant de temps pour payer.

—Regardez ce caddie rempli à ras bord, répliqua Coré : le client retire dix fois plus d'articles à déposer sur le tapis roulant que d'un panier. Alors ce n'est pas le temps pour payer qui compte.

On imagine la suite : après une rapide évaluation mentale d'optimum satisfaisant d'une variable aléatoire en rationalité limitée, Coré décida de se placer dans une file composée de paniers peu chargés, et d'un caddie presque vide, plus le sien. Mais elle ne tarda pas à déchanter, car plusieurs des clients qui la précédaient complétèrent le contenu de leur panier par celui de leur sac à provisions : vides et flasques en apparence, les sacs se révélèrent contenir un nombre impressionnant d'objets. Coré, se sentant flouée, songeait peut-être à changer de file, mais elle dut se dire qu'elle ne ferait qu'allonger son temps d'attente : le sort en était jeté ! Pour comble de malchance les ménagères de sa file présentèrent leur chéquier aux caissières, qui les acceptèrent non sans se livrer à de longues vérifications d'identité sous le regard courroucé des personnes de la queue.

—Ne vous énervez pas, fit Bon Conseil. Passez-moi votre caddie, je vais faire la queue à votre place

—Merci, répondit Coré. Mais dites-moi, jetez un coup d'oeil sur la troisième caisse à gauche, où il n'y a que des paniers comme dans celle-ci : vous voyez ce jeune homme aux cheveux frisés ? Je le suis du regard depuis le début, il s'est placé dans sa file après nous dans la nôtre !

—Et alors ? fit Richard

— Alors il a une bonne longueur d'avance maintenant : il sera sûrement servi avant vous !

Richard ne parut pas s'en soucier

— Nous verrons bien, dit-il, mais ne vous inquiétez pas, tout le monde fait la même observation que la vôtre : chaque client nouveau qui se place dans une file tourne irrésistiblement son regard vers celui qui arrive après lui et va dans une autre file, et constate avec amertume que le nouvel arrivant sera servi avant lui ! Cela tient à ce qu'il ne sait pas quel est le client arrivé juste avant lui. Mais l'observation est valable pour toutes les files, et le nouvel arrivant fixant celui qui le suit maintenant se croit atteint de la même malchance.

—Ce n'est pas une consolation, maugréa Coré.

—Il y a pis, insista Richard : le calcul des probabilités confirme d'une certaine manière la vérité de ce qu'il appelle la «déveine persistante»[110] .

—Ce n'est pas bien de sa part. Et sur quelles hypothèses se base ce calcul ?

—Des hypothèses raisonnables en vérité, assura Richard, alors que votre observation me semble un peu sommaire. Fixez donc votre regard, non pas sur le panier de ce jeune homme, mais sur l'un des articles présents dans le caddie arrivé juste après nous dans la file à notre droite : la probabilité pour que cet article-là soit servi avant nos boîtes de pois est bien égale à zéro comme le voudrait la justice, mais le temps moyen de réalisation de cet événement rassurant est infini, ce qui nous laisse tout le temps de nous morfondre sur notre prétendue malchance, et avec d'autant plus d'irritation si la petite dame en jaune qui conduit ce caddie prétendait avec une évidente mauvaise foi être la victime du même triste sort, en jetant des regards envieux sur le porteur du panier arrivé après elle dans la file à sa droite...

— Mais au fait, ajouta Bon Conseil, pourquoi n'irions-vous pas vers une des caisses automatiques mises à notre disposition au milieu de la sortie ? Nous attendrons moins longtemps.

Coré suivit cette suggestion et plaçant le caddie devant une caisse automatique disponible commença à charger. Dès la première boîte une voix artificielle l'interpella :

— Placez votre achat sur le plateau, faites lire son code barre.

Ainsi fit-elle et elle continua à charger les boîtes. Au onzième chargement, la voix l'arrêta :

— Vous êtes devant une caisse express pour les achats de dix articles ou moins. Reprenez vos achats et allez à une autre caisse.

—Mais je n'ai qu'un seul article ! protesta Coré Une trentaine de...

La caisse automatique l'interrompit.

— Attendez que je consulte l'....

—Le magasin ne vend pas de trentaines, énonça la caisse automatique au bout d'une minute : nous n'avons pas cet article.

La surveillante de la batterie d'automates s'approcha :

---

[110] FELLER W. : *The Persistence of Bad Luck*, in : An Introduction to Probability Theory, Wiley, New York 1966 II p. 16

— Vous avez trop d'articles, allez plutôt aux caisses de droite.

— Mais ce sont tous les mêmes ! Il y en a trente.

La préposée sortit sa clef pour sauver la situation mais insista pour que les boîtes soient déposées dans une autre caisse :

—Vous appuyez sur la touche des articles sans code barre, vendus au poids, mesuré sur le plateau : les légumes au détail par exemple. Votre boîte ne figure pas sur leur liste, mais on a prévu une touche pour un nouveau « légume » : ce sera votre boîte. Tapez-en le prix unitaire sur ce clavier. Placez toutes vos boîtes sur le plateau maintenant : ça pèse bien vingt cinq kilos et demi ? Vous êtes d'accord ? La caisse affiche le prix de vingt quatre kilos de ce « légume », vendus au détail. Elle a déduit automatiquement le poids de la ferraille et des étiquettes. Il vous reste à payer le prix de votre achat. Vous réglez par carte ? On n'attend plus que votre code. Bonne journée.

Médusée par l'à-propos de cette modeste employée, son adaptativité à la nouveauté, Coré plaça dans le lecteur la carte à puce supposée appartenir à Madame Dustix, et tandis que devant elle Richard composait le code et attendait son ticket, elle médita sur les conséquences incalculables de ce geste dans l'arrière-plan. Le lecteur lui signala que la banque avait enregistré la dette, débité le compte de Madame Perséphone Dustix du prix des boîtes, et crédité la banque du magasin qui créditerait à son tour en temps voulu le compte du magasin, non sans avoir indiqué en face des références du produit acheté, l'étagère où il avait été pris et de nombreuses autres indications intéressantes de marketing local ; et non sans avoir noté en face du numéro de carte tout ce que le magasin savait déjà à propos de Perséphone.

En temps voulu, un programme de logistique intégrée dûment mis à jour pourvoirait au réapprovisionnement de l'étagère via le stock du magasin, mais auparavant des discussions passionnées auraient été engagées entre les responsables du marketing sur la signification de son geste d'achat de trente boîtes, de son larcin de sept pépins de grenade, et leur incidence sur les ventes consolidées ; des conclusions seraient tirées par le système d'information pour une aide à la décision, le tout en ignorant qu'il y avait eu substitution d'une cliente à une autre. Ou peut-être rien de tout cela n'arriverait si les pois n'étaient pas dans le collimateur ce jour-là.

Coré déchargea le contenu de son caddie dans la malle arrière de sa voiture, récupéra sa pièce d'un euro consignée, et régla sa dette à Richard pour cet achat contre un reçu en bonne et due forme à remettre au comptable de l'association.

Ils se rendirent ensuite au bureau du Contrôleur assermenté, auquel elle demanda d'assister à l'ouverture des boîtes afin de témoigner de leur contenu. Elle lui remit une copie de la norme de définition des pois d'après les filtres.

Richard Dustix ramassa les pois dans une enveloppe plastique qu'ils transportèrent à la Fédération pour les trier dans les minifiltres de soixante centimètres.

—Heureusement que vous avez pris trente boîtes, remarqua-t-il : en filtrant une seule boîte, vous auriez eu bonne mine !

A la fin du tamisage selon les régles appliquées à l'usine, Coré pesa les pois sous contrôle, et Richard Dustix contresigna sous forme de constat le rapport des mesures, attribuées à Mademoiselle Coré d'Olympe pour l'association des consommateurs, à Madame Perséphone Dustix dans la copie adressée au supermarché : «Tous les pois sans exception passent à travers le minifiltre de calibre 8,75 ; quelques pois pesant mille deux cents grammes refusent de passer à travers le minifiltre de calibre 8,2, malgré une rotation prolongée ; en revanche quelques pois pesant sept cent vingt grammes traversent le troisième minifiltre de calibre 7,5. Le soussigné Richard Dustix, contrôleur assermenté, déclare que les pois des trente boîtes, vendus sous la qualification de très fins, constituant aux dires du rapporteur mesureur et sous sa responsabilité un échantillon significatif du produit mis en vente, contiennent cinq pour cent de fins, mais aussi trois pour cent qui auraient mérité la qualification d'extra-fins».

A réception de ce rapport, le Directeur du magasin le transmit sans tarder au Service des Ventes, en lui demandant d'en tirer les conséquences. Puis il écrivit une lettre à Madame Dustix. Son contenu la remplit de perplexité : il stipulait que l'augmentation justifiée de prix pour trois pour cent d'extra-fins compensait la diminution de prix réclamée pour cinq pour cent de fins, compte tenu du prix surtaxé de sept pépins de grenade, de sorte que le contrat était respecté et la morale sauve.

Des réunions de travail furent organisées à l'Association des Consommateurs pour tirer les conclusions de cette expérience. Relevons les échanges de vues principaux auxquels ces débats donnèrent lieu :

— Il faudrait encourager une demande créative ! Une sorte d'école pour les consommateurs...

— La différenciation stratégique à partir d'une opération de calibrage codifiée réduit la qualité de la matière consommée à peu de chose.

—Nous avons des pois XF, TF et F ; et une série de machines. Pourquoi ne pas ouvrir un Musée des Pois, Calibres et Trieuses ? Il existe bien un Musée de la Crêpe en Bretagne, et de la Pizza du coté de Naples.

— C'est cela, muséifions les pois, intégrons-les au patrimoine mondial, qu'ils deviennent objets d'acculturation ! Pourquoi ne demanderions-nous pas au Bureau International des Poids et Mesures de conserver trois calibres en platine iridié au Pavillon de Breteuil à Sèvres ?

— Qu'avons nous à faire d'un Musée ! Nous sommes dans la vie active. On met au musée les poids morts du marché, les obsoletes, les gens à la retraite...

Coré s'empressa de distribuer le contenu des trente boîtes aux membres de l'association avec lesquels elle travaillait, en leur recommandant de les consommer le jour même, mais ils étaient formatés pour ne croire qu'à la date limite marquée sur un emballage, et mirent ces pois non emballés à la poubelle noire des déchets organiques recyclables.

12. La Randonnée d'Achille.

Retiré sous sa tente, non loin de La Croix—Valmer où l'empereur Constantin vit dans le ciel une croix marquée du signe : « tu vaincras », Achille n'utilisait guère sa voiture Myrmidon que pour effectuer de courts trajets alimentaires, ou pour visiter Pampelonne, Ramatuelle, Saint Tropez. À la longue il lui sembla que le moteur montrait quelques signes de faiblesse dans les côtes, perdait de la puissance.

Le garagiste consulté incrimina une accumulation de calamine, de dépôt charbonneux entre les guides et les tiges des soupapes d'échappement. — Pour l'éliminer, un seul moyen efficace, lui dit-il : décrassez vos cylindres. À cet effet, sortez de ce coin, cherchez les autoroutes ou au moins les nationales. Fuyez les agglomérations, les feux rouges, passez la quatrième et faites au moins cent bornes tous les week-ends, à la vitesse limite admise par les radars, au besoin sous forme d'aller-retour fastidieux. Votre moulin vous manifestera sa reconnaissance ...

Achille remonta dans son véhicule, et invita l'homme à s'asseoir à coté de lui sur le siège avant. —Voulez-vous vérifier si toutes les portières et fenêtres sont bien fermées ? lui demanda-t-il.

—Je peux rendre l'habitat parfaitement étanche, assura le garagiste. Si nous restons à l'arrêt, après consommation du carburant disponible nous finirons par être asphyxiés : nous serons l'équivalent d'une automobile à réservoir vide.

—Elle peut ressusciter à tout instant en allant à la pompe. Nous aussi en ouvrant les fenêtres : nous sommes branchés sur une source d'oxygène encore considérable. Et renouvelable pour le moment. Mais un autre combustible interne me préoccupe : je me sens calaminé moi-même. Je mets les pieds sous mon siège et je desserre le frein à main. Si je pète, est- ce que ma tire avancera ?

Posément le mécanicien le regarda et dit :

—C'est vous-même qui serez projeté vers l'avant.

—Très bien. Mais si je m'agrippe au volant ?

—Il encaissera une poussée que la somme des pressions sur les parois de l'habitat étanche équilibrera, comme dans une boîte de conserve : action égale réaction. Votre tire ne bougera pas.

—Que dois-je faire pour que cette réaction pousse ma tire ?

—Ouvrez la lunette arrière si vous le pouvez, soulevez le hayon : vous deviendrez l'équivalent d'une fusée.

—Cela me retient, conclut Achille l'air pensif, avant de prendre congé.

—Qu'entendez-vous par là ? demanda l'autre en descendant de la voiture, inquiet et incompréhensif.

—Je pense qu'une expérience externe semblable à moi peut me renseigner sur mon intérieur, dit Achille en actionnant le démarreur. Si ce moteur extérieur à moi était capable de penser et de communiquer, il m'instruirait peut-être sur le mécanisme de ma digestion ?

—Je poserai la question à mon médecin : sa caisse aussi a des problèmes. Bonne route, conclut le garagiste.

Le jet Paris-Nice parti d'Orly il y a 90 minutes s'approchait lentement de Nice Californie, en même temps que la voiture d'Achille, partie de Saint Tropez à la même heure, en empruntant l'autoroute aussitôt que possible. Toutes les voitures conviées à ne pas dépasser 60 kilomètres à l'heure roulaient désormais à cette vitesse. Sur la droite, l'avion était en train d'atterrir sur la piste de Nice Californie, il se rapprochait, allait- il le dépasser ? Non, il a déclenché ses inverseurs de poussée et s'est arrêté auparavant. Les voiliers et planches à voile glissaient le long du rivage à la vitesse du vent. Achille continuant rattrapa peu à peu le petit train qui roulait sur le trottoir mais fut contraint de descendre en troisième pour se ranger derrière les bicyclettes qui roulaient à hauteur du Négresco derrière les amateurs de patins à roulettes, sans doubler les joggeurs en survêtement qui adaptaient à leur tour le pas à la hauteur des rangées de chaises ; les feux rouges obligèrent la Myrmidon à un fort ralentissement sur les 400 mètres allant du Négresco à l'ancien Ruhl, où les cyclistes continuaient à pied, derrière des anglais attardés qui se promenaient peut-être encore, spectres évoquant le passé. Le feu rouge s'éternisait : il ne les dépasserait pas. Encore 300 mètres, le Théâtre, le Marché aux Fleurs, le Chateau, le Vieux Port, le Mont Boron. Il quitta Nice. Voici Villefranche, sa rade et sa plage, où il s'arrêta pour descendre se baigner. Il suivit un groupe de baigneurs qui l'entraînèrent jusqu'à Passabe au Cap Ferrat et revinrent devant lui. Puis il reprit sa voiture pour continuer à rouler.

Viaduc de Saint Isidore, Tunnel Canta Calet, Viaduc du Magnan, Tunnel de Saint Pierre de Feuc, du Pessicart, de Las Planas, Cap de Croix, Tunnel de la Baume, Viaduc du Paillon, et l'approche de l'Italie : quel démiurge a plissé les côtes des Alpes Ligures en tirant une ruflette de viaducs et de tunnels ? Chaque pli avance vers la mer, dragon couvert de maquis et garrigues, monstre chtonien aux embouchures somnolentes dont l'une crache et l'autre avale un flot de voitures. Elles rampent tour à tour dans les boyaux sombres et annelés dont un panneau indique la longueur des entrailles, tout en invitant à allumer les phares. Quel avenir va supprimer le maintenant pour s'y substituer ? De tunnel en viaduc, l'autoroute est ce qu'elle n'est pas et n'est pas ce qu'elle est : pas vraiment l'idéal pour décalaminer, mais il n'y avait rien de mieux dans toute la région. L'attente et l'espoir, les retours successifs à la lumière ont éclairé sottement le péage terminal dans la poussière... Non pas cette route ici-bas, amas de pierre et de béton et d'acier immobiles sous le regard des buses qui volent et ne volent pas dans les thermiques, mais ma route à moi, pensa Achille, qui avance vers moi, l'air chargé d'ondes subtiles, sous ce nuage qui se défait lentement, traversée par cette hirondelle à nulle autre pareille, où je m'approche lentement de numéros minéralogiques aléatoires aussitôt oubliés que lus.

Le long de la longue ligne continue, la voiture suivit le trait tandis que le conducteur hypnotisé s'assoupissait peu à peu, mais se réveilla quand la ligne se commua en une suite discontinue de traits. La Myrmidon s'approcha rapidement, mais sans pouvoir repasser en quatrième, de ce qui semblait être une Alfa Roméo respectant la limitation de vitesse à cinquante kilomètres à l'heure. Quand elle ne fut plus qu'à une cinquantaine de mètres, l'inscription portée en lettres majuscules noires sur un écriteau blanc placé au dessus du numéro minéralogique devint visible : POLIZIA STRADALE . Achille demeura à bonne distance de l'Alfa institutionnelle. Derrière lui deux Myrmidons arrivant en trombe faillirent le dépasser, mais il entendit un violent crissement de pneus : signe d'un comportement fonction de la distance dans un contexte semblable au sien, ce qui le rendait déchiffrable. Il devait l'admettre, la circulation sur une autoroute est magique : «elle met face à face des systèmes de forces naturelles humanisées par les intentions des conducteurs et des hommes transformés en forces naturelles par l'énergie physique dont ils sont médiateurs ; les êtres en présence autos, conducteurs, s'affrontent à la fois comme objets et comme sujets[111] ».

---

[111] LEVI-STRAUSS C. , *La pensée sauvage*, p262

A l'entrée de Vintimille, l'autoroute tagliatelle se love en double huit, pour contenir en une énorme file d'attente les voitures des visiteurs du marché de vendredi. Achille pensa avoir suffisamment roulé en quatrième à plus de cent à l'heure pour cette journée, et songea au retour : entrer en Italie au ralenti ne pouvait que nuire au moteur. Il fit demi-tour dès qu'il le put pour reprendre la direction de Nice. A quelque distance il pouvait distinguer le commencement d'une bretelle de sortie, un disque rouge et blanc portant l'inscription : « 100 ». Il s'en rapprochait inexorablement, mais sentait sa masse s'évanouir et le temps se dilater sans fin. Il arrivait presque à hauteur du panneau de signalisation maintenant bien en vue.

Il avait enfin réussi à quitter l'autoroute encombrée, et amorçait la descente par la Basse Corniche : la valeur du temps devant le plus beau paysage du monde obturé par un énorme camion. La Myrmidon s'apprêtait à le doubler lorsqu'il aperçut une rangée de cônes rouges et blancs qui obligèrent les véhicules à se placer sur une seule file. Il dut se ranger derrière le Matamata en maugréant. Ne voyant plus la route, il prit le parti raisonnable de contempler la mer.

Un peu plus loin, le Matamata accéléra son allure, puis freina brusquement, sans doute gêné par quelque obstacle devant lui. Il fallait faire quelque chose pour ne pas s'écraser sur le camion. Plus précisément, l'ordinateur du tableau de bord devait décider entre quatre manoeuvres principales et leurs combinaisons possibles : freiner à fond, braquer à fond puis braquer en sens contraire, passer la marche arrière, couper le moteur. Le choix était programmé en fonction de critères mesurables, dont le plus important était l'angle vertical sous lequel un système optique télémétrique placé sous le pare-choc avant voyait l'obstacle, en l'espèce le véhicule qui précédait, et l'identification du type de véhicule : la distance libre devant sa voiture, paramètre essentiel, était proportionnelle à la cotangente de cet angle. Un autre système différentiel mesurait en temps réel le coefficient de freinage plutôt que de le déduire du temps qu'il faisait et de l'état de la chaussée. L'évaluation de chaque maneuvre et du choix rationnel entre elles n'était utile que si l'ordinateur disposait d'une temps suffisant pour les mesures, le calcul et l'action. Dans le cas contraire, une lampe allumée indiquerait que l'ordinateur passait la main au conducteur. Pour lui, il ne pouvait que croiser les doigts et prier pour le salut de sa voiture. Mais elle avait l'ordinateur, il avait confiance !

Il ne voyait de sa voiture dans l'instant que son ordinateur brandissant en tous sens des symboles dont il s'imaginait qu'ils correspondaient à des faits. Les symboles sont des institutions rassurantes : elles captent l'attention, la détournent de la réalité menaçante, la remplacent : —Je sens qu'il se passe quelque chose, mais je me rends mal compte. Comment cela s'appelle-t-il, quand le bruit et la fureur ont cessé, quand luit l'espoir après la désolation ?— Demande-le au Symbole. Il le sait. — Cela a un très beau nom, homme Achille, cela s'appelle la confiance[112]. Sans l'ordinateur, qu'aurait-il décidé? Rien, en tous cas rien de rationnel, mesuré, calculé : il se serait déterminé d'après ses habitudes de conduite, son expérience de cet accident où il n'avait pu éviter le choc ; son souvenir d'un cours de contre-braquage pris sur le circuit de Monthléry était trop vague ; il aurait freiné à fond sans réfléchir, et peut-être réussi à maîtriser le dérapage naissant ; ou peut-être n'aurait-il rien fait du tout : qu'il fallût prendre une décision rationnelle, qu'il existât seize maneuvres combinées possibles dont une était optimale, cela lui faisait une belle jambe ! Il lui fallait trouver sur le champ une réponse à la question : —Je ne sais pas quoi faire, qu'est-ce que je dois faire ? jeté-au-monde dans l'angoisse métaphysique en temps réel. La logique et les mathématiques du programme, les seize maneuvres ne lui seraient d'aucun secours. Il était pris d'hésitation devant un problème aux contours confus et menaçants ; dans le contexte où il était placé, il n'apercevait qu'une ou deux possibilités d'action dissimulant les autres. Heureusement le Matamata repartit, et la route réapparut dégagée. Le problème n'avait pas reçu de solution, il s'était évaporé. Un autre problème occupa aussitôt son esprit : avait-il vraiment confiance dans cet ordinateur, n'était-il pas plus serein dans son ancienne voiture dépourvue de conduite automatique ? Une voiture sous- la- main, qu'il conduisait au réflexe, dans le cadre de ses limites dont il avait acquis le sens.

Il parvint à s'insérer dans un flux lui permettant de poursuivre son entreprise de décalaminage, et commença même à percevoir des signes de satisfaction de son moulin : — Je me sens mieux, semblait-il lui signifier. Aussitôt qu'elle le put à nouveau, la Myrmidon indiqua son intention de dépasser en actionnant son feu rouge clignotant arrière. A son tableau de bord une flèche verte vibra, vola et ne vola pas. La voiture se plaça sur la file de gauche et son conducteur accéléra. Il regardait droit devant lui et devina qu'il avait dépassé la Tortue mais sans la voir : ce n'était qu'une ombre sur le mur de la caverne. Il se rabattit alors sur la file de droite en faisant un angle aigu de faible amplitude avec la ligne pointillée, qui toutefois devint brusquement continue. Achille surpris accentua quelque peu son coup de volant,

---

[112] d'après GIRAUDOUX J. : *Electre* Acte II Sc. 10

imprimant à sa trajectoire une courbure de rayon plus faible. Le véhicule réagit à cette sollicitude latérale par une force centrifuge sous l'effet de laquelle le conducteur sentit que sa main droite pesait plus sur le volant que sa main gauche, tandis que l'auto miniature posée sur la lunette arrière par les enfants roulait à toute allure de la droite vers la gauche. Il pensa aux applaudissements des gamins s'ils avaient été présents. Des forces obscures le prévenaient qu'il avait changé de route ; il devait en changer à nouveau pour retrouver sa trajectoire primitive ; l'avait-il retrouvée ? Inspectant le rétroviseur extérieur, le Myrmidon constata que la Tortue se trouvait maintenant derrière lui, il ne savait par quel miracle : le système magique repose sur la croyance que l'homme peut intervenir dans le déterminisme naturel ; l'indien qui déchiffre une piste à l'aide d'imperceptibles indices n'agit pas autrement que lui en conduisant. Mais si, il le savait : à condition d'admettre les lois de l'optique géométrique relatives aux miroirs, tout était dans l'ordre, encore qu'il fût obligé de reconnaître que ce qui frappait ses sens, était une Tortue placée là, toujours devant lui, lui faisant face de l'autre coté du miroir et semblant reculer autant qu'il avançait, voire davantage. Mais ce n'était qu'une image virtuelle, voyons, d'un objet réel situé derrière lui, qu'il avait dépassé à une époque antérieure.

La nuit commençait à tomber. Les voitures avaient allumé leurs lanternes de ville. Dans le rétroviseur, il aperçut cette fois assez loin derrière lui les feux d'une voiture qui devait rouler à même vitesse. Soudain, la voiture fit un appel de phares et son image parut grandir : la voiture se rapprochait donc et il en déduisit qu'elle roulait à une vitesse plus grande que la sienne. Selon toute vraisemblance l'appel de phares était destiné à le prévenir que son suivant s'apprêtait à le doubler. Soudain une inquiétude le traversa : le conducteur de la voiture qui suivait avait-il appelé des phares avant ou après avoir accéléré pour augmenter sa vitesse ? Avant, après : ces mots avaient-ils seulement une signification, et cette signification était-elle la même pour lui et pour l'homme (la femme peut-être) qui le suivait? Encore fallait-il qu'ils pussent régler leurs montres pour qu'elles marquassent le même temps. Mais on ne pouvait compter pour cela que sur l'appel de phares précisément, dont le signal lui parvenait à la vitesse de trois cent mille kilomètres à la seconde : encore une ombre, si l'on pouvait dire. À condition que l'appel ait été émis avant ou après l'accélération, la voiture suivante roulant à un palier de vitesse, l'ordinateur du tableau de bord pouvait s'en sortir à l'aide des formules pas trop compliquées préenregistrées. Mais il était vraisemblable que le conducteur avait lancé l'appel de phares pendant l'accélération, sous l'impulsion de son élan vital. Plus il y pensait, plus il s'en persuadait : rien alors n'était possible. Lumière et accélération n'iraient jamais ensemble, on ne parviendrait pas à faire coller leurs ombres à l'aide d'un seul flambeau. Non, il ne saurait jamais, et pourtant il fallait continuer à vivre, à traverser cette brèche d'un dix millionème de seconde dans le Temps. Qu'est-ce qu'une microseconde, qu'est-ce qu'une nanoseconde, qu'est-ce qu'une picoseconde, quand une infinité d'instants les embrassent ? aurait pu dire Bossuet. Ou paraphrasant le psaume huit : Qu'est-ce qu'un homme, pour qu'il connaisse un photon, et qu'est-ce qu'un photon, pour qu'un homme puisse le connaître ?

La circulation devint plus fluide et il réussit plusieurs dépassements à bonne vitesse sans être impressionné par la performance, plus attentif aux variations des sonorités qui démontraient que toutes les pièces du moteur jouaient avec l'harmonie d'un orchestre conduit par un vrai chef ; il sentait que le moteur l'encourageait, comme s'il lui disait, en vrombissant dans les accélérations : — Allez, plus haut, plus vite, grouille ! puis qu'il ronronnait de plaisir à la vitesse de croisière : — Oui, je le sens bien, je suis décalaminé. Mais cette joie ne dura pas. La circulation ne pouvait s'arranger car on approchait de la grande ville. Il lui fallait songer à rejoindre l'autoroute à nouveau. Sur l'accotement, une femme lui fit signe de s'arrêter. Il la fit monter et démarra à nouveau, mais il n'avait pas fait deux cents mètres que la femme se mit à crier : — Stop, stop ! Vous avez dépassé ma maison ! Tandis qu'il freinait brusquement, une automobile le dépassa en trombe et repassa devant lui en queue de poisson ; son conducteur tourna la tête au passage et lui lança quelques paroles en dialecte anthropomobile qu'il n'entendit pas, mais dont il comprit en vertu du contexte qu'elle niait en syllabes courtes l'hétérosexualité de ses moeurs. Il était coincé au début de l'accès à la bretelle d'autoroute. Sa passagère descendit sans remercier, l'air mécontent, et repartit en marmonnant qu'elle allait devoir marcher en arrière vers sa maison de plus loin qu'elle n'était au départ. Achille prit la bretelle qui tournait en montant avant de longer l'autoroute à laquelle elle se raccordait par une longue ligne droite descendant sur plusieurs centaines de mètres. Arrivé au sommet de la montée, il ralentit à l'extrême, s'arrêtant presque pour examiner la situation. Il apercevait de là un long tronçon, loin devant lui, et loin derrière lui dans le rétroviseur : la circulation était fluide.

Sur la bande de droite, quelques paquets de voitures suivaient un camion à une allure modérée qu'il évalua à trente mètres par seconde environ ; sur les autres bandes, espacées par des vides importants, des voitures rapides dépassaient quelque peu la vitesse maximum autorisée

174

de trente-six mètres par seconde, mais elles étaient rares et on les voyait venir de loin. Il calcula mentalement qu'en augmentant sa vitesse d'un mètre et demi par seconde à chaque seconde, il atteindrait la vitesse du flot de voitures les plus lentes en vingt secondes, pendant lesquelles il aurait parcouru trois cents mètres puisque sa vitesse moyenne aurait été de quinze mètres par seconde. C'était mathématique, Galilée lui-même n'aurait pas dit mieux. L'ordinateur du tableau de bord tenant compte au surplus de sa manière d'appuyer sur l'accélérateur et de passer les vitesses et du fonctionnement correspondant du moteur couplé à la charge trouva un résultat un peu différent : juste ce qu'il fallait pour prouver son utilité. De quoi aurait-il peur ? Il reconnaîtrait qu'il avait atteint la vitesse de trente mètres par seconde au ronronnement satisfait du moteur. Viser une bande de l'autoroute n'était pas un exploit réclamant l'adresse de Robin des Bois : une erreur de parallaxe d'un pour cent le déporterait au pis de quelques mètres vers la droite ou la gauche de l'axe de la bande visée. — Quelques mètres quand même ! Dommage que l'homme ne conduise pas avec une précision latérale plus grande : mille kilogrammes à commander ! —C'est bien ce qui rend difficile d'automatiser la conduite sur autoroute. Si on le pouvait ça se saurait. Pour le moment il est plus simple de transporter la voiture sur une plate-forme de chemin de fer. — Ne nous égarons pas : pourquoi viser au centimètre ? —Tout de même, il y a bien du monde sur cette autoroute. Pourquoi prendre un risque ? —Le plus grand philosophe du monde sur une bande plus large qu'il ne faut, quoique sa raison le convainque de sa sûreté, son imagination prévaudra [113]. — Elle prévaut bien que sa raison ne le convainque en aucune façon de sa sûreté, mais seulement de la diminution du risque avec les progrès de la technique. L'imagination est anthropocentrique : la perte de contrôle de la situation, la catastrophe vient plus aisément à l'esprit qu'une situation plus probable. Avant d'agir, il faudrait faire sur le champ la moyenne du risque pondéré par le dommage. — En quoi le dommage moyen est-il un critère raisonnable ? Celui qui prend croix et l'autre sont tous deux en faute. Le juste est de ne point parier. — Oui, mais il faut parier. Cela n'est pas volontaire. Vous êtes embarqué. Lequel prendrez vous donc ? Pesons le gain et la perte, en prenant croix que la voie est accessible, pile qu'elle ne l'est pas. Estimons ces deux cas : si vous gagnez, vous gagnez tout, si vous perdez vous ne perdez rien. —Excusez-moi, mais si l'enjeu est ma félicité ou ma damnation éternelle, le gain et la perte au jeu du loto ou mieux de la loterie

---

[113] PASCAL B. : *Pensées*, fragment 41

nationale me fournissent de meilleures images, et je dois estimer quatre cas. Si j'achète un billet et que le numéro soit le bon, je gagne tout. S'il n'est pas bon, je ne perds que le prix du billet, et je n'aurais rien perdu du tout si je n'avais pas acheté le billet. Reste le plus délicat : j'ai pensé à un numéro, je pense souvent à ma date de naissance, à celle de mon mariage, parfois au numéro minéralogique d'une voiture qui passe. Il se trouve être le bon, mais je n'ai pas acheté le billet, parce que je ne l'ai pas trouvé, ou par manque de foi. Je perds tout. — Cela ne se peut. Vous n'êtes pas prédestiné. — À quoi servent les bretelles ? Les plus longs voyages finissent au bout de la rue. Il n'y a qu'à traverser...

Dans le rétroviseur, aucune voiture n'apparaissait à l'horizon arrière. Mais à quoi bon s'en préoccuper maintenant ? Il avait rempli son devoir envers le moteur. Il commença la manoeuvre et s'étant assuré d'un bon départ, ferma les yeux pendant vingt secondes. Poussant la voiture droit devant, il l'interpella en ces termes : « Cocher, ne fouette pas tes chevaux, je n'ai plus personne à aimer »[114]

---

[114] Chanson russe

Inventaire de « vérités » en action

www.ingramcontent.com/pod-product-compliance
Lightning Source LLC
Chambersburg PA
CBHW050121280326
41933CB00010B/1196